软集的扩展模型及其决策应用

刘雅雅 ⊙ 著

立信会计出版社

图书在版编目(CIP)数据

软集的扩展模型及其决策应用/刘雅雅著. —上海：立信会计出版社，2021.12
 ISBN 978-7-5429-6983-5

Ⅰ.①软… Ⅱ.①刘… Ⅲ.①决策模型 Ⅳ.①C934

中国版本图书馆 CIP 数据核字(2021)第 245463 号

策划编辑　张巧玲　毕芸芸
责任编辑　毕芸芸

软集的扩展模型及其决策应用
RUANJI DE KUOZHAN MOXING JIQI JUECE YINGYONG

出版发行	立信会计出版社			
地　　址	上海市中山西路 2230 号	邮政编码	200235	
电　　话	(021)64411389	传　　真	(021)64411325	
网　　址	www.lixinph.com	电子邮箱	lixinaph2019@126.com	
网上书店	http://lixin.jd.com		http://lxkjcbs.tmall.com	
经　　销	各地新华书店			
印　　刷	苏州市古得堡数码印刷有限公司			
开　　本	710 毫米×1000 毫米　　1/16			
印　　张	9.75			
字　　数	170 千字			
版　　次	2021 年 12 月第 1 版			
印　　次	2021 年 12 月第 1 次			
书　　号	ISBN 978-7-5429-6983-5/C			
定　　价	49.00 元			

如有印订差错,请与本社联系调换

前　　言

为了处理现实问题中所包含的不确定性,在过去的几十年中,研究者们构造了多种可用于处理不确定信息的数学模型,如模糊集模型、粗糙集模型以及软集模型。其中,软集模型具有包含参数化工具的特点。人们通过使用软集模型,便于从不同属性(参数)的角度对同一事物(问题)进行刻画与分析,也便于从不同属性(参数)的角度对事物(问题)所包含的不确定性进行研究。将软集模型与其他理论模型相结合,可以得到软集的扩展模型。软集的扩展模型顺承了软集模型具有参数化工具的特点,因而在不确定性处理领域具有不容小觑的研究价值。

在理论方面,关于软集模型以及软集的扩展模型的理论研究还不够完善。例如:关于一些有代表性的软集的扩展模型,缺少不确定性度量的构造方法;关于不同的软集扩展模型之间的联系,缺少系统的研究;等等。基于此,在本书中我们开展了如下工作:

(1) 研究了不同软集扩展模型之间的联系。时至今日,学者们构造了不同的软粗糙集模型。这些模型不是相互独立的,但学者们对它们之间密不可分的联系缺乏系统研究。在本书中,我们系统分析了不同软粗糙集模型之间的联系。

(2) 提出了若干种新型的软集扩展模型。在研究不同软粗糙集模型之间的联系的基础上,通过将软集作为知识,计算软集的上下近似,构造了一种新的软粗糙集模型,即软粗糙软集模型;将软集理论与模糊语言方法相结合,构造了一种能够处理模糊语言信息的软集模型,即比较语言表述(CLE)软集模型。

在应用方面,软集及扩展软集已经被应用于医疗诊断、模式识别、数据挖掘等多个领域。其中,扩展软集在决策领域的应用在近年来尤其引人关注。然而,现有的基于软集扩展模型的决策方法依然存在一些缺陷。基于此,在本书中我们开展了如下工作:

(1) 分别对现有的基于模糊软集和粗糙软集的决策方法进行了改良。其中包括:分别对现有的基于模糊软集和粗糙软集的决策方法进行研究,分析了现有方法的有效性以及局限性;对一些现有的决策方法进行改良,从而克服了现有方法的局限性;对一种经典的基于模糊软集的决策方法(比较得分法)做出了改进,改进后的方法在参数(属性)更新的情况下可以有效地降低决策的时间消耗;分别提出了基于模糊软集和粗糙软集的新的决策方法,从而解决了用现有决策方法无法解决的决策问题,如提出了一种新的可调节的决策方法,该方法能够用于处理一些运用比较得分法无法得出决策结果的决策问题;基于软粗糙集模型,提出了若干种新的决策方法以及一个群决策方法。值得注意的是,我们所提出的群决策方法相较于现有的一些基于粗糙软集的群决策方法,具有一个明显的优势:不要求每位决策者在群决策过程开始之前提供个体的最优决策结果。

(2) 为了在软集理论框架下更好地处理决策环境下的语言信息,将软集理论和 CLE 相结合,将 CLE 软集模型应用于决策过程。在基于 CLE 软集的决策过程中,决策者既可以单独的语言术语的形式,也可以 CLE 的形式对候选者进行语言评估。因此,CLE 软集模型将成为一种用于处理语言决策问题的有效工具。另外,我们研究了该模型的基本运算性质,并初步研究了该模型在多属性语言决策问题中的应用。

(3) 研究了基于不完备模糊软集的数据预测方法。在不完备模糊软集中,可以利用数据之间的联系达到预测缺失数据的目的。首先,指出了一种现有的、基于不完备模糊软集的数据预测方法的局限性,通过区分不同概念在预测过程中的不同作用,改进了该方法,从而使得预测结果更为合理;其次，基于模糊集之间的相似性测度，进一步研究了不完备软集模型中数据之间的内在联系，从而提出了一种可调整的缺失数据的预测方法；最后，通过实验检验了修正方法以及新方法的有效性。

  本书是作者在2012—2020年的研究成果的基础上编写而成的。在撰写本书的过程中，作者参考了国内外许多优秀学者的科研成果，在此向这些专家学者致以诚挚的谢意。本书的出版得到了国家自然科学基金青年项目"基于区间二型模糊集的词计算及决策方法研究"（项目编号：62006154）、上海市高原学科建设计划，以及上海市高原学科建设项目（管理科学与工程）的资助。由于作者水平有限以及时间仓促，书中难免存在疏漏不足之处，敬请广大读者批评指正。

刘雅雅

2021年12月

目 录

第1章 绪论 ·· 001
  1.1 研究背景 ··· 001
  1.2 国内外研究现状 ·· 003
    1.2.1 关于扩展软集的研究现状 ··· 003
    1.2.2 关于软集及扩展软集代数结构的研究现状 ························· 003
    1.2.3 关于软集及扩展软集在决策问题中应用的研究现状 ············ 004
  1.3 研究内容及结构安排 ·· 006
    1.3.1 研究内容 ··· 006
    1.3.2 结构安排 ··· 007

第2章 预备知识 ·· 009
  2.1 软集的定义及其基本运算 ·· 009
    2.1.1 软集的定义 ·· 009
    2.1.2 软集的基本运算 ·· 010
  2.2 模糊软集的定义及其基本运算 ·· 011
    2.2.1 模糊软集的定义 ·· 011
    2.2.2 模糊软集的基本运算 ·· 012
  2.3 Pawlak粗糙集、粗糙模糊集、模糊粗糙集与粗糙软集 ··············· 014
  2.4 模糊语言方法、犹豫模糊语言术语集与比较语言表述 ··············· 016
    2.4.1 模糊语言方法 ··· 016
    2.4.2 犹豫模糊语言术语集与比较语言表述 ····························· 016

第 3 章　不同软粗糙集模型之间的关系 ········· 019

3.1　软粗糙集模型研究背景 ········· 019
3.2　MSR 近似算子和 F-软粗糙近似算子之间的关系 ········· 020
3.3　MSR 近似算子和 Pawlak's 粗糙近似算子之间的关系 ········· 025
3.4　不同软粗糙模糊集之间的关系 ········· 027
3.5　F-软粗糙集和形式概念分析中的 modal-style 算子之间的关系 ········· 031
3.6　软粗糙软集 ········· 034
3.7　本章小结 ········· 042

第 4 章　基于模糊软集和粗糙软集的改进决策方法 ········· 044

4.1　基于扩展软集决策方法的研究动态 ········· 044
4.2　基于模糊软集决策方法的改良方法 ········· 046
4.2.1　基于模糊软集的决策方法的争议 ········· 046
4.2.2　比较得分法的改良方法 ········· 050
4.2.3　基于模糊软集的可调节的决策方法 ········· 056
4.3　基于粗糙软集决策方法的改良方法 ········· 064
4.3.1　基于粗糙软集的决策方法的局限性 ········· 064
4.3.2　基于粗糙软集的决策方法 ········· 065
4.3.3　基于粗糙软集的群决策方法 ········· 070
4.4　本章小结 ········· 075

第 5 章　软集理论与模糊语言方法的结合 ········· 076

5.1　软集理论与模糊语言方法相结合的必要性 ········· 076
5.2　CLE 软集 ········· 077
5.2.1　CLE 软集的定义 ········· 077
5.2.2　CLE 软集的运算 ········· 080
5.3　HFLTS 的模糊包络的计算方法 ········· 088

5.3.1　CLE"最少s_i"的模糊包络 ·············· 089

5.3.2　CLE"最多s_i"的模糊包络 ·············· 091

5.3.3　CLE"在s_i和s_j之间"的模糊包络 ·············· 092

5.4　基于 CLE 软集的一种多属性决策方法 ·············· 093

5.5　基于 CLE 软集的共识群体决策模型 ·············· 097

5.6　算法对比 ·············· 109

5.6.1　决策问题描述 ·············· 109

5.6.2　用 Sun 算法处理决策问题 ·············· 110

5.6.3　用算法 10 处理决策问题 ·············· 112

5.6.4　比较分析 ·············· 112

5.7　本章小结 ·············· 113

第 6 章　基于不完备模糊软集的缺失数据预测方法 ·············· 114

6.1　不完备模糊软集 ·············· 114

6.2　Deng-Wang 方法 ·············· 116

6.2.1　Deng-Wang 方法的定义 ·············· 116

6.2.2　Deng-Wang 方法的局限性 ·············· 119

6.3　改进后的 Deng-Wang 方法 ·············· 121

6.4　新的可调节预测算法方法 ·············· 127

6.5　实验分析 ·············· 131

6.6　本章小结 ·············· 132

第 7 章　研究成果与展望 ·············· 134

7.1　研究成果 ·············· 134

7.2　展望 ·············· 135

参考文献 ·············· 138

第1章 绪 论

本章首先阐述本书的研究背景;其次对国内外相关研究进行简要回顾,帮助读者了解软集及扩展软集的研究背景,把握软集方向的研究热点;最后对本书的研究内容和结构安排作简要阐述。

1.1 研究背景

决策问题在日常生活中随处可见,如工程领域[1],社会与经济科学领域[2],商业领域[3],政府职能领域[4]、政治领域[5]等都存在决策问题。那么,首先我们要明确抽象出决策问题的组成结构。

决策问题通常由几个备选方案和一个必须从备选方案中选择出最优方案的决策者所组成。经典的决策问题通常包含以下元素:

(1) 要达到的决策目标;

(2) 为达到决策目标而提供的若干种备选方案(或可供选择的若干对象);

(3) 决策环境(或决策背景);

(4) 一组与备选方案和决策环境相关联的效用值。

依据决策环境的类型,通常可以将决策问题做出如下分类:

(1) 在确定性环境下的决策问题;

(2) 在不确定性环境下的决策问题;

(3) 在风险环境下的决策问题。

随着社会经济环境的发展,决策问题中所包含的不确定、不精确信息逐渐复杂化。因此,在本书中,我们将重点针对不确定性环境下的决策问题进行探讨。

从数学的角度来看,处理不确定性环境下的决策问题存在以下两个难题。

1) 缺乏能够有效处理不确定信息的数学模型

模糊集模型、粗糙集模型和软集模型都是用于处理不确定性问题的重要数学模型。然而,由于每种模型通常只能用于处理单一类型的不确定性,而在实际的决策问题中,很可能发生若干种不确定性同时存在的情况。因此,面对这种情况,有必要通过构造新的混合模型,使得各种模型充分发挥各自的优势,从而应对复杂的决策环境。

2) 缺乏将比较成熟的数学模型应用于决策问题的解决方法

研究者们一直热衷于基于某一单一混合数学模型提出一些决策算法,但每种决策算法的应用范围是非常狭窄的,只能用于解决某一种特定类型的决策问题。为了满足纷繁多样的决策需求,我们有必要探索出更多的数学模型的应用方法。

软集理论最早是由 Molodtsov 在 1999 年提出的,它的主要特征是能够提供一个从多个属性的角度估量同一事物的理论框架,从而同时从多个属性的角度对于事物给出综合的描述。与其他的用于处理不确定信息的传统数学工具相比,软集模型克服了模糊集模型、粗糙集模型等数学工具的一个共有缺陷,即缺少参数化的工具。

为了进一步增强软集处理不确定信息的能力,研究者们将软集理论与模糊集理论、粗糙集理论以及其他数学工具相结合,提出了一系列的软集扩展模型,其在一些现有论著中也被称为混合软集模型。软集和软集的扩展模型在现实问题中的应用主要集中在数据预测[6]、规则挖掘[7]、医疗诊断[8]以及问题决策[9][10][11]领域,其在决策领域尤其展现出了不容小觑的应用价值。

迄今为止,关于软集的研究热点可以总结为:

(1) 将软集模型与其他模型相结合,从而构造软集的扩展模型;

(2) 研究软集及其扩展模型的代数性质与基本运算;

(3) 研究软集及其扩展模型在决策等实际问题中的应用。

1.2 国内外研究现状

1.2.1 关于扩展软集的研究现状

将软集理论与其他理论相结合,可以增强软集模型处理不确定性问题的灵活度。2001 年,Maji[12]通过将软集理论与模糊集理论相结合,定义了模糊软集;Maji[13]通过将软集理论与区间值直觉模糊集理论相结合,定义了区间值直觉模糊软集。在许多模糊决策环境中,隶属函数的值因取决于决策者或专家的评估能力和评估意向,而往往无法被直接确定下来。在这种情况下,将隶属函数值用一个区间值的形式进行表示就变得更加合理。2009 年,通过将软集理论与区间值模糊理论相结合,Yang 等[14]定义了区间值模糊软集。2010 年,Xu 等[15]通过将软集理论与 Vague 集理论相结合,定义了 Vague 软集;为了将参数化工具引入粗糙集理论,Feng 等[16][17]将软集理论与粗糙集理论相结合,用软集作为知识构建上下近似算子,从而定义了软粗糙集模型。2011 年,Meng 等[18]通过将软集与模糊集、粗糙集理论相结合,定义了软模糊粗糙集模型和软粗糙模糊集模型。2012 年,Qin[19]基于相似性度量的概念构造了另外一种软模糊粗糙集模型;Bashir 等[20]定义了概率直觉模糊软集。2013 年,Shabir 等[21]指出文献[16][17]中的软粗糙集模型存在一些不合理的性质,并对其做出修改,提出了一种新的软粗糙集模型,即 MSR 集模型。2014 年,Mustafa 等[22]和 Thomas 等[23]研究了软集理论与拓扑结构的结合。2015 年,Alkhazaleh 等[24]提出了概率模糊软集的概念。2017 年,Zhan 等[25]通过研究粗糙集、软集和半环之间的关系,引入了软粗糙半环的概念;Alcantud 等[26]提出了划分模糊软集的概念;Sun 等[27]创新性地将软集理论与模糊语言方法相结合,提出了语言值模糊软集的概念。

1.2.2 关于软集及扩展软集代数结构的研究现状

1999 年,软集理论被 Molodtsov 提出,其在文献[28]中介绍了软集理论的一些基本概念与基本性质。2003 年,Maji 等[29]指出文献[28]中一些概念的相关性质并不成立,从而在分析的基础上重新定义了软集的并、交、补运算。2011 年,Ali 等[30]研究了软集的一些代数性质,定义了软集的限定交、限定并、扩展交、扩展并等运算。2005 年,Chen 等[31]提出了关于软集的参数约减的一种新的概念,并将其与粗糙集理论中知识约简的概念进行了比较。2007 年,Aktas 和 Agman[32]研究了软集的基本性质,将软集的概念与模糊集、粗糙集的概念进行比较,指出一个模糊集和粗糙集都可以被视为一个软集,并提出了软群的概念。2008 年,Kong 等[33]引入软集里的正规参数约减的定义,提出了一种用于计算软集的正规参数约减的算法;Feng 等[34]定义了软半环结构,提出了若干相关概念,并研究了软集与半环结构之间的联系;Jun[35]将软集理论应用于 BCK/BCI-代数结构,提出了 BCK/BCI-软代数的概念;Jun 和 Park[36]研究了软集理论在 BCK/BCI-代数中的应用。2009 年,Jun 等[37]研究了 d-代数在环理想中的应用;Aygunoglu 和 Aygun[38]介绍了模糊软群的概念,并讨论了模糊软群的结构特征。2010 年,Qin 和 Hong[39]研究了软集在软空间中的代数结构,并定义了软相等的概念;Babitha 和 Sunil[40][41]定义了软关系,对于软关系的传递闭包进行了研究,并进一步讨论了软集中的序关系;Feng[42]定义了一种基于软集的命题逻辑系统。2011 年,Ali 等[30]讨论了软集代数与非经典逻辑代数之间的关系。2012 年,Park 等[43]研究了软等价关系的性质。2008 年及 2011 年,Majumdar 和 Samanta 先后[44][45]提出了软集和模糊软集的相似性度量的公理化定义,研究了具体的计算公式的构造方法。2010 年,Kharal[46]也对于软集的相似性度量进行了研究,构造了一系列的相似性度量以及距离度量。2013 年,Jiang 等[47]研究了直觉模糊软集不确定性度量的构造方法;Wang 和 Qu[48]构造了 vague 软集的相似性度量、距离度量以及熵度量。总体而言,关于软集以及软集的扩展模型的不确定性度量的研究依然很少,缺少系统的构造方法。

1.2.3 关于软集及扩展软集在决策问题中应用的研究现状

2002 年,基于对象的选择值的概念,Maji 等[49]提出了一种基于软集的决策算法。对象的选择值,是指在一个软集中,对象所符合或满足的属性的个数。在文献[49]中的决策过程中,一个对象符合的属性越多,就说明这个对象具有的优良性能越多,因而最终选出选择值最大的对象作为决策结果。2007年,基于对象的比较得分的概念,Roy[50]提出了一种基于模糊软集的决策算法。通过构造比较得分表,可以计算出每个对象的比较得分。在文献[50]中,比较得分最高的对象将被认为是决策结果。一个对象的比较得分的值,并不等同于它相对于所有属性的隶属程度值的加和。基于此,Kong等[51]认为文献[50]中的方法是不正确的,从而对该方法进行了修改。在基于模糊软集的决策算法的实施过程中,如果模糊软集中存在缺失值(此时的模糊软集被称作不完备模糊软集),那么研究者们所提出的以上方法将都无法适用。为了填充不完备软集中的缺失值,2008年,Zou和Xiao[52]研究了基于不完备模糊软集的缺失数据预测方法。得益于这些缺失数据的预测方法,不完备模糊软集可以转化为模糊软集,从而能够基于模糊软集的决策方法进行决策。2009年,Yang等在文献[14]中给出了一种基于区间值模糊软集的决策方法。2010年,Feng等[53]再次对基于模糊软集的决策方法进行研究,将对象相对于所有属性的隶属程度值的加和称作该对象在模糊软集中的模糊选择值,认为Kong等[51]提出的修改算法事实上将模糊选择值最高的对象作为了决策结果。然而,Feng等[53]认为模糊选择值的运用缺乏合理性。通过引入模糊软集的截集的概念,将模糊软集转化为软集,Feng等[53]提出了一种基于模糊软集的可调节的决策算法。2014年,Sun和Ma[54]研究了软模糊粗糙集在决策中的应用,提供了一种决策方法,并通过例子检验了决策方法的合理性。2016年,Alcantud[55]为了减少基于模糊软集的决策过程中的信息丢失,通过一种新的方式重新构造了基于模糊软集的比较得分表,从而获得对象的新的比较得分,提出了一种新的决策算法,同时,Alcantud还提出了一种基于模糊软集的多观测者决策方法。2017年,Tripathy等[56]研究了区间值模糊软集在决策中的一种应用方法。同年,Zhan等[11][57][58]研究了MSR集、软粗糙模糊半群和Z-软粗糙模糊集在决策中的应用;Alcantud和Mathew[26]研究了划分模糊软集在决策问题中的应用,运用模糊补运算将划分模糊软集中的成本性属性和效益性属性对应的隶属函数值进行正规化,通过构造H-结论模糊软集提出了鉴别能力高的决策方法。该方法事实上重新定义了对象的比较得分,因此可以被视作文献[50]中方法的一种改良;Sun等[27]提出了一种基于语言值软集模型的群决策方法,该方法可以在软集的理论框架下处理决策问题中的语言信息,然而其能够处理的语言信息的形式只能是简单的语言术语。

1.3 研究内容及结构安排

1.3.1 研究内容

在上述三个方向的研究中,仍存在许多未完成或未完善的工作。本书将研究工作集中于软集扩展模型的构造及其在决策等实际问题中的应用。以下对本书即将开展的研究工作进行简单整理。

1)现有软集扩展模型之间的联系

软集的扩展模型主要包括两个重要分支,一是将软集模型与粗糙集模型或粗糙集模型的扩展模型相结合,构造软集的粗糙扩展模型,二是将软集模型与模糊模型或模糊模型的扩展模型相结合,构造软集的模糊扩展模型。我们主要考虑软集的粗糙扩展模型。软集模型的突出优势是可以从多个属性的角度对对象做出更全面的描述,粗糙集模型的典型特征是使用精确的概念对不精确的概念做出描述,两者在处理不确定信息方面具有各自的特点。将两种模型相结合,可以构造出能够更加灵活地处理更为复杂的不确定信息的数学模型。其中,最具有代表性的软集的粗糙扩展模型是软粗糙集模型。在过去的数十年里,研究者们通过用不同的知识代替二元关系,构造出了不同的软粗糙集模型。那么,我们很自然地就会产生疑问,这些软粗糙集模型之间存在什么样的联系?系统地对这些联系进行研究,可以帮助人们更加清楚地把握每个模型的特征,从而在模型应用过程中更有针对性地对不同模型进行选择。

2)软集扩展模型的构造

构造软集扩展模型的目的是处理现实问题中的不确定性,那么我们就要对现实问题的客观特征进行比较贴切的抽象化处理。以决策问题为例,决策的过程通常是由决策者首先对候选项目进行评估,然后根据评估结果从一系列的候选项目中选择一个或者若干个最优者作为决策结果。然而在日常生活中,决策者往往很难用精确的数值对候选项目做出评估,他们更倾向于对于候选项目提供语言描述。虽然研究者已运用不同的手段构造了若干种用于处理不确定信息的软集扩展模型,但是现有模型大多无法或者很难灵活处理决策过程中的语言信息。综上考虑,本书将构造可以比较贴切地处理复杂语言信息的扩展软集模型作为研究内容之一。

3) 研究软集及软集的扩展模型在决策问题中的应用

在过去的十年中,软集的扩展模型在决策问题中的应用尤其受到研究者们的重视,一些基于模糊软集、粗糙软集、区间值模糊软集的决策算法被相继提出。然而,现有的一些基于软集的扩展模型的决策算法仍然存在局限性。同时,由于每种决策算法的应用范围都非常狭窄,因此,有必要探索并提出更多的决策方法来解决复杂而多样的决策问题。本书重点研究软集的扩展模型在决策问题中的应用;通过构造新的软集的扩展模型,提出解决不同决策问题的方法;对于一些基于软集的扩展模型的决策方法做出改进,并提出若干种新的决策方法。此外,软集的模糊扩展模型是软集混合模型的一个重要分支,对软集的模糊扩展模型的不确定性度量的研究近年来层出不穷,软集以及软集的模糊扩展模型的不确定性度量可以被尝试应用于基于软集的各种实践方法中去。本书基于软集的相似性度量构造了一种不完备模糊软集中缺失数据的预测方法,而合理的缺失数据预测方法将有利于人们获取更充分的决策信息,从而得到更为合理的决策结果;基于不完备模糊软集研究了缺失值的预测方法,将不完备的模糊软集转化为完备的模糊软集,从而使得基于不完备模糊软集的决策问题可以通过基于模糊软集的决策方法进行解决。

1.3.2 结构安排

本书各个章节的结构安排如下。

第1章:绪论。介绍本书的研究背景,主要包括软集理论的发展以及各种软集的扩展模型的提出;梳理基于扩展软集决策方法的国内外研究现状;简要阐明本书将要开展的工作以及结构安排。

第2章:预备知识。对于本书中将要用到的一些基础概念进行回顾,主要包括软集及其基本运算、模糊软集及其基本运算、Pawlak 粗糙集、粗糙模糊集、模糊粗糙集、粗糙软集和犹豫模糊语言术语集的一些相关概念。

第 3 章：研究不同软粗糙集模型之间的关系。通过将不同的结构作为知识并构造不同的近似空间，可以构造出不同的软粗糙集模型。重点研究这些不同软粗糙集模型之间的关系，在提出一种新的软粗糙软集模型——软粗糙软集模型的基础上，提出一种基于软粗糙软集模型的决策算法。

第 4 章：研究基于模糊软集和粗糙软集的改进决策方法。对于基于模糊软集的决策方法，在分析现有决策方法局限性的基础上，提出克服这些局限性的改进方法，并研究基于模糊软集的新的决策方法；对于基于粗糙软集的决策方法，在分析现有方法局限性的基础上研究克服这些局限性的新方法，并通过例子对这些新方法的有效性进行说明。

第 5 章：研究软集理论与模糊语言方法的结合。通过将软集理论和模糊语言方法相结合，研究可以处理形式为比较语言表述的复杂语言信息的软集扩展模型的构造方法，构造出一种新的软集扩展模型，并针对新模型的相关运算进行讨论，初步研究该模型在语言决策问题中的应用方法。

第 6 章：研究基于不完备模糊软集的缺失数值预测方法。主要研究在不完备模糊软集中，如何利用参数之间的关联关系、对象之间的关联关系，由已知数据预测未知数据的预测方法。其中主要包括：①分析现有的缺失数据预测方法的局限性，研究克服这些局限性的方法；②使用模糊集合之间的相似性度量进一步分析不完备模糊软集中参数之间、对象之间的关联关系，从而提出一种新的缺失数据预测方法。

第 7 章：研究成果与展望。对本书的研究成果进行总结，对未来要做的研究工作进行展望。

第 2 章
预 备 知 识

本章将对一些在后续章节中会涉及或应用到的基本概念进行简单介绍。具体包括软集和模糊软集的定义及基本运算、软集的若干扩展模型的定义及相关运算、模糊语言方法和犹豫模糊语言术语集的相关概念。

2.1 软集的定义及其基本运算

2.1.1 软集的定义

为了克服模糊集理论、粗糙集理论以及其他处理不确定性问题的数学工具的一个共有缺陷——缺少参数化工具,Molodtsov 于 1999 年提出了软集的概念[28]。

定义 2.1.1 (软集)[28] U 是论域, E 是与 U 相关联的属性集, $P(U)$ 是 U 的幂集,且 $A \subseteq E$。定义二元组 (F, A) 是论域 U 上的一个软集,其中 F 是由属性集 A 到 $P(U)$ 的一个映射,即 $F: A \rightarrow P(U)$。

对于任意 $e \in A$, $F(e)$ 指的是 U 中符合属性 e 的所有对象构成的 U 的子集,称为 (F, A) 的 e-近似描述集合。因此,一个软集可以被视为论域 U 的一个参数化的子集族。

【例 2-1】 假设 $U = \{x_1, x_2, \cdots, x_8\}$ 是由 8 套公寓构成的一个论域集, $E = \{e_1, e_2, \cdots, e_8\}$ 是消费者容易考虑到的一些与公寓相关的属性,其中 e_1 代表"绿化环境好", e_2 代表"高性价比", e_3 代表"交通便利", e_4 代表"构造合理", e_5 代表"学区房", e_6 代表"升值潜力高", e_7 代表"面积大", e_8 代表"无噪声"。假设一个低收入家庭想要购买一套公寓,该家庭更关注的属性为"高性价比""交通便利""升值潜力高"和"无噪声",即 e_2, e_3, e_6, e_8。假设专家对这8套公寓针对属性 e_2, e_3, e_6, e_8 做出了评估。记 $A = \{e_2, e_3, e_6, e_8\}$,那么评估结果形成了一个软集 (F, A)。在该软集中,$F(e_2) = \{x_1, x_8\}$,$F(e_3) = \{x_2, x_3, x_4, x_6\}$,$F(e_6) = \{x_5, x_7, x_8\}$,$F(e_8) = \{x_1, x_3, x_5\}$。其中,$F(e_2) = \{x_1, x_8\}$ 指的是公寓 x_1 和 x_8 满足属性"高性价比"。

定义 2.1.2 (空软集)[59] (F, A) 是论域 U 上的一个软集。如果对于 $\forall e \in A$,满足条件 $F(e) = \emptyset$,那么 (F, A) 是一个空软集,记为 $\emptyset_A$。

定义 2.1.3 (全软集)[59] (F, A) 是论域 U 上的软集,如果对于 $\forall e \in A$,满足条件 $F(e) = U$,那么 (F, A) 是一个全软集,记为 U_A。

2.1.2 软集的基本运算

定义 2.1.4 (软子集)[12] U 是论域,E 是与 U 相关联的属性集,且 $A, B \subseteq E$。(F, A) 和 (G, B) 是论域 U 上的两个软集。如果

(1) $A \subseteq B$,

(2) $\forall e \in A, F(e) \subseteq G(e)$,

那么,(F, A) 是 (G, B) 的一个软子集,记为 $(F, A) \subseteq (G, B)$;

如果 $(F, A) \subseteq (G, B)$ 且 $(G, B) \subseteq (F, A)$,那么 $(F, A) = (G, B)$。

定义 2.1.5 (与/或运算)[28] U 是论域,E 是与 U 相关联的属性集,且 $A, B \subseteq E$。(F, A) 和 (G, B) 是论域 U 上的两个软集。

(1) 定义 (F, A) 和 (G, B) 之间的且运算为 $(F, A) \wedge (G, B) = (H, A \times B)$,其中,对于任意 $(\alpha, \beta) \in A \times B$,有 $H(\alpha, \beta) = F(\alpha) \cap G(\beta)$。

(2) 定义 (F, A) 和 (G, B) 之间的或运算为 $(F, A) \vee (G, B) = (O, A \times B)$,其中,对于任意 $(\alpha, \beta) \in A \times B$,有 $O(\alpha, \beta) = F(\alpha) \cup G(\beta)$。

定义 2.1.6 (扩展并)[60] (F, A) 和 (G, B) 是论域 U 上的两个软集。定义 (F, A) 和 (G, B) 的扩展并为 $(H, C) = (F, A) \widetilde{\cup} (G, B)$,其中 $C = A \cup B$,且对于任意 $e \in C$,有

$$H(e) = \begin{cases} F(e), & e \in A - B, \\ G(e), & e \in B - A, \\ F(e) \cup G(e), & e \in A \cap B. \end{cases} \quad (2-1)$$

定义 2.1.7 （限定交）[60] (F,A) 和 (G,B) 是论域 U 上的两个软集。定义 (F,A) 和 (G,B) 的限定交为 $(H,C)=(F,A)\bigcap(G,B)$，其中 $C=A\bigcap B$ 且对于任意 $e\in C$，有 $H(e)=F(e)\bigcap G(e)$。

定义 2.1.8 （扩展交）[60] (F,A) 和 (G,B) 是论域 U 上的两个软集。定义 (F,A) 和 (G,B) 的扩展交为 $(H,C)=(F,A)\widetilde{\bigcap}(G,B)$，其中 $C=A\bigcup B$，且对任意 $e\in C$，有

$$H(e)=\begin{cases}F(e), & e\in A-B,\\ G(e), & e\in B-A,\\ F(e)\bigcap G(e), & e\in A\bigcap B.\end{cases} \quad (2-2)$$

定义 2.1.9 （限定并）[60] (F,A) 和 (G,B) 是论域 U 上的两个软集。定义 (F,A) 和 (G,B) 的限定并为 $(H,C)=(F,A)\bigcup(G,B)$，其中 $C=A\bigcap B$ 且对于任意 $e\in C$，有 $H(e)=F(e)\bigcup G(e)$。

定义 2.1.10 （相对补）[28] 一个软集 (F,A) 的相对补集定义为 $(F,A)^r=(F^r,A)$，其中映射 $F^r:A\to P(U)$ 满足条件对于 $\forall e\in A$，有 $F^r(e)=U-F(e)$。

2.2 模糊软集的定义及其基本运算

2.2.1 模糊软集的定义

Maji 等[12]把软集与模糊集相结合，提出了模糊软集的概念。

定义 2.2.1 （模糊软集）U 是论域，E 是与 U 相关联的属性集，$F(U)$ 是由定义在 U 上的所有模糊集构成的集合，且 $A\subseteq E$。定义二元组 (F,A) 是论域 U 上的一个模糊软集，其中 F 是由属性集 $A\subseteq E$ 到 $F(U)$ 的一个映射，即 $F:A\to F(U)$。

对于任意的 $e\in A$，$F(e)$ 可以被视为 (F,A) 的 e-近似模糊描述集。那么，一个模糊软集可以被视为论域 U 上的参数化的模糊集族。

【例 2-2】 假设 $U=\{x_1, x_2, \cdots, x_8\}$ 是由 8 套公寓构成的一个论域集，$E=\{e_1, e_2, \cdots, e_8\}$ 是消费者容易考虑到的一些与公寓相关的属性，其中 e_1 代表"绿化环境好"，e_2 代表"高性价比"，e_3 代表"交通便利"，e_4 代表"构造合理"，e_5 代表"学区房"，e_6 代表"升值潜力高"，e_7 代表"面积大"，e_8 代表"无噪声"。假设一个购房者重视的属性为"绿化环境好""交通便利""构造合理""学区房"，即属性 e_1, e_3, e_4, e_5。记集合 $A=\{e_1, e_3, e_4, e_5\}$。假设专家用单位区间 $[0, 1]$ 的值来评估每套公寓对每条属性的符合程度，那么所有评估结果形成了一个模糊软集 (F, A)。其中，每条属性对应于论域 U 上的一个模糊集：

$$F(e_1)=0.3/x_1+0.5/x_2+0.6/x_3+0.8/x_4+0.9/x_5+0.3/x_6\\+0.2/x_7+0.3/x_8,$$

$$F(e_3)=0.4/x_1+0.5/x_2+0.6/x_3+0.3/x_4+0.4/x_5+0.6/x_6\\+0.7/x_7+0.9/x_8,$$

$$F(e_4)=0.2/x_1+0.3/x_2+0.4/x_3+0.4/x_4+0.1/x_5+0.3/x_6\\+0.6/x_7+0.7/x_8,$$

$$F(e_5)=0.3/x_1+0.4/x_2+0.3/x_3+0.4/x_4+0.3/x_5+0.4/x_6\\+0.5/x_7+0.6/x_8.$$

2.2.2 模糊软集的基本运算

定义 2.2.2 （模糊软子集）[12] (F, A) 和 (G, B) 是论域 U 上的两个模糊软集，假如

(1) $A \subseteq B$；

(2) 对于 $\forall e \in A$，$F(e)$ 是 $G(e)$ 的一个模糊子集，即对于任意 $x \in U$，有 $\mu_{F(e)}(x) \leqslant \mu_{G(e)}(x)$。

则称 (F, A) 为 (G, B) 的模糊软子集，记为 $(F, A) \subseteq (G, B)$。$(F, A) \subseteq (G, B)$ 且 $(F, A) \supseteq (G, B)$ 时，我们称 (F, A) 和 (G, B) 模糊软相等。

定义 2.2.3 （补运算）[12] 论域 U 上的模糊软集 (F, A) 的补集定义为 $(F, A)^c = (F^c, A)$，其中 $F^c: A \to F(U)$ 是一个映射。对于任意 $e \in A, x \in$

U,有 $F^c(e)(x) = 1 - F(e)(x)$。

定义 2.2.4 （扩展并）[12] (F, A) 和 (G, B) 是论域 U 上的两个模糊软集。(F, A) 和 (G, B) 的扩展并为一个模糊软集 $(H, C) = (F, A) \widetilde{\cup} (G, B)$，其中 $C = A \bigcup B$，且对于 $\forall x \in U$，有

$$H(e)(x) = \begin{cases} F(e)(x), & e \in A - B, \\ G(e)(x), & e \in B - A, \\ F(e)(x) \vee G(e)(x), & e \in A \bigcap B. \end{cases}$$

定义 2.2.5 （扩展交）[12] (F, A) 和 (G, B) 是论域 U 上的两个模糊软集。(F, A) 和 (G, B) 的扩展交为一个模糊软集 $(H, C) = (F, A) \widetilde{\cap} (G, B)$，其中 $C = A \bigcup B$，且对于 $\forall x \in U$，有

$$H(e)(x) = \begin{cases} F(e)(x), & e \in A - B, \\ G(e)(x), & e \in B - A, \\ F(e)(x) \wedge G(e)(x), & e \in A \bigcap B. \end{cases}$$

定义 2.2.6 （限定交）[12] 论域 U 上的两个模糊软集 (F, A) 和 (G, B) 的限定交为 $(H, C) = (F, A) \bigcap (G, B)$，其中 $C = A \bigcap B$ 且对于任意 $e \in C, x \in U$，有 $H(e)(x) = F(e)(x) \wedge G(e)(x)$。

定义 2.2.7 （限定并）[12] 论域 U 上的两个模糊软集 (F, A) 和 (G, B) 的限定并为 $(H, C) = (F, A) \bigcup (G, B)$，其中 $C = A \bigcap B$ 且对于任意 $e \in C, x \in U$，有 $H(e)(x) = F(e)(x) \vee G(e)(x)$。

定义 2.2.8 （与/或运算）[12] (F, A) 和 (G, B) 是论域 U 上的两个模糊软集。

(1) $(F, A) \wedge (G, B) = (H, A \times B)$，对于任意 $(\alpha, \beta) \in A \times B$，有 $H(\alpha, \beta) = F(\alpha) \bigcap G(\beta)$；

(2) $(F, A) \vee (G, B) = (O, A \times B)$，对于任意 $(\alpha, \beta) \in A \times B$，有 $O(\alpha, \beta) = F(\alpha) \bigcup G(\beta)$。

2.3 Pawlak 粗糙集、粗糙模糊集、模糊粗糙集与粗糙软集

以下对 Pawlak 粗糙集、粗糙模糊集、模糊粗糙集和粗糙软集的概念进行简单回顾。

粗糙集理论由 Pawlak[62] 在 1982 年提出。粗糙集理论的应用建立在信息系统的基础上。

定义 2.3.1　（信息系统）[62] 一个信息系统是一个由两个有限非空集合构成的二元组 $I=(U,A)$，其中 U 是一个对象集，A 是一个属性集；每个属性 $a \in A$ 对应一个函数 $a:U \to V_a$，其中 V_a 指的是与属性 a 相关的所有值构成的集合。

另 U 为一个论域，R 是在论域 U 上的一个等价关系。二元组 (U,R) 被称为一个 Pawlak 近似空间。等价关系 R 被称为一个与信息系统相关的不可区分关系。特别地，如果 $I=(U,A)$ 是一个信息系统，且 $B \subseteq A$，那么一个由 B 所确定的不可区分关系 $R=I(B)$ 被定义为

$$R=I(B)=\{(x,y) \in U \times U; \forall a \in B(a(x)=a(y))\},$$

其中 $a(x)$ 表示对象 x 关于属性 a 对应的值。R 决定了一个论域 U 上的划分 $U/R=\{[x]_R; x \in U\}$，其中 $[x]_R$ 是包含对象 x 的等价类，这些等价类是构造粗糙近似算子的基础。对于任意 $X \subseteq U$，X 的上近似 $\overline{R}(X)$ 和下近似 $\underline{R}(X)$ 被定义为[62]

$$\overline{R}(X)=\{x \in U; [x]_R \cap X \neq \varnothing\}, \quad (2\text{-}3)$$

$$\underline{R}(X)=\{x \in U; [x]_R \subseteq X\}. \quad (2\text{-}4)$$

如果 $\overline{R}(X)=\underline{R}(X)$，那么称 X 在 (U,R) 上可定义；否则，X 是一个粗糙集。

因此，在粗糙集理论中，一个粗糙概念是由一对精确概念来进行间接刻画的。集合 $Pos_R(X)=\underline{R}(X)$，$Neg_R(X)=U-\overline{R}(X)$ 和 $Bnd_R(X)=\overline{R}(X)-\underline{R}(X)$ 分别被称为 X 的 R-正域、R-负域和 R-边界。

用模糊关系或其他关系替换 Pawlak 近似空间中的等价关系，可以得到

Pawlak 粗糙集模型的多种扩展模型[63-69]。Dubois 和 Prade[63]通过在近似空间和模糊近似空间中分别构建模糊集的上、下近似算子,分别定义了粗糙模糊集和模糊粗糙集模型。

定义 2.3.2 (粗糙模糊集)[63] (U,R) 是一个 Pawlak 近似空间,模糊集 $\mu \in F(U)$ 在 (U,R) 中的下近似 $\underline{R}(\mu)$ 和上近似 $\bar{R}(\mu)$ 分别是两个定义在论域 U 上的模糊集:对于 $\forall x \in U$,有

$$\underline{R}(\mu)(x) = \wedge \{\mu(y); y \in [x]_R\}, \tag{2-5}$$

$$\bar{R}(\mu)(x) = \vee \{\mu(y); y \in [x]_R\}. \tag{2-6}$$

$\underline{R}(\mu)$ 和 $\bar{R}(\mu)$ 分别被称为粗糙模糊近似算子。如果 $\underline{R}(\mu) = \bar{R}(\mu)$,那么称模糊集 μ 是可定义的;否则,称 μ 是一个粗糙模糊集。

定义 2.3.3 (模糊粗糙集)[63] U 是一个论域,R 是 U 上的一个模糊关系,即 $R \in F(U \times U)$。(U,R) 是一个模糊近似空间,模糊集 $\mu \in F(U)$ 在 (U,R) 中的下粗糙近似 $\underline{R}(\mu)$ 和上粗糙近似 $\bar{R}(\mu)$ 分别是定义在论域 U 上的两个模糊集:对于 $\forall x \in U$,有

$$\underline{R}(\mu)(x) = \wedge_{y \in U}((1 - R(x,y)) \vee \mu(y)), \tag{2-7}$$

$$\bar{R}(\mu)(x) = \vee_{y \in U}(R(x,y) \wedge \mu(y)). \tag{2-8}$$

$\underline{R}(\mu)$ 和 $\bar{R}(\mu)$ 分别被称为模糊粗糙近似算子。如果 $\underline{R}(\mu) = \bar{R}(\mu)$,那么称模糊集 μ 是可定义的;否则,称 μ 是一个模糊粗糙集。

通过在 Pawlak 近似空间中计算一个软集的上下近似,Feng 等[70]引入了粗糙软集模型的概念。

定义 2.3.4 (粗糙软集)[70] (U,R) 是一个 Pawlak 近似空间,$S = (F,A)$ 是论域 U 上的一个软集。$S = (F,A)$ 在 (U,R) 中的下粗糙近似和上粗糙近似分别用 $\underline{Apr}_R(S) = (\underline{F}_R, A)$ 和 $\overline{Apr}_R(S) = (\bar{F}_R, A)$ 表示,它们都是论域 U 上的软集:对于任意 $e \in A$,有

$$\underline{F}_R(e) = \underline{Apr}_R(F(e)),$$

$$\bar{F}_R(e) = \overline{Apr}_R(F(e)).$$

算子 $\underline{Apr}_R$ 和 $\overline{Apr}_R$ 分别被称为作用在软集上的下粗糙近似算子和上粗糙近似算子。如果 $\underline{Apr}_R(S)=\overline{Apr}_R(S)$，那么称软集 S 是可定义的；否则，称 S 是一个粗糙软集。

2.4 模糊语言方法、犹豫模糊语言术语集与比较语言表述

本书第 5 章将基于犹豫模糊语言术语集（HFLTS）的概念，将软集理论与模糊语言方法相结合，探讨可以处理语言信息的新的软集扩展模型的构造方法。因此，以下将对模糊语言方法、犹豫模糊语言术语集与比较语言表述（CLE）的相关概念进行简单回顾。

2.4.1 模糊语言方法

模糊语言方法是基于语言变量的概念使用模糊集理论对语言信息进行建模。语言变量是指"一个变量的值不是数值，而是在自然语言或者人工智能语言中的词汇或者句子[71]"。

定义 2.4.1 （语言变量）[72] 一个语言变量可以用一个五元组 $(H, T(H), U, G, M)$ 进行表示，其中 H 是指语言变量；$T(H)$ 是 H 中语言变量的名称所构成的集合；H 中每一个值是一个语言变量，这些语言变量在域 U 中变化；G 是一个语法规则，用于生成 H 中变量的名称；M 是一个语义规则，用于解释变量的含义。记 X 为一个语言变量，则 $M(X)$ 是 U 上的一个模糊集。

为了合理地处理语言变量，首先要定义合适的语法规则和语义规则。用序结构方法[73][74]，或环境-自由语法方法[72][75][76]都可以生成变量名称。相应地，语言术语的语义可以基于一个定义在语言术语集上的序结构进行定义，或者基于隶属函数和一个语义规则来生成[77]。每一个语言术语都可以被假设为定义在区间 $[0,1]$ 上的一个模糊数。

2.4.2 犹豫模糊语言术语集与比较语言表述

为了促进符合人类认知习惯的语言信息的提取与应用，Rodriguez 等[77]通

过定义犹豫模糊语言术语集和一个环境-自由语法提出了一种新的语言模型。

定义 2.4.2 （犹豫模糊语言术语集）[77] 假设 $S=\{s_0,\cdots,s_g\}$ 是一个语言术语集。一个 HFLTS, H_S 指的是由 S 中有限个连续的语言术语所组成的一个集合，即 $H_S=\{s_i,s_{i+1},\cdots,s_j\}$，其中 $s_k \in S, k \in \{i,\cdots,j\}$。

一个 HFLTS, H_S 的补集被定义为 $H_S^c = S - H_S = \{s_i/s_i \in S$ 和 $s_i \notin H_S\}$。

在文献[78]中，Rodriguez 等定义了一种环境-自由语法 G_H，用于生成符合人类认知习惯的比较语言表述(CLE)。

定义 2.4.3 （环境-自由语法）G_H 是一个环境-自由语法，$S=\{s_0,\cdots,s_g\}$ 是一个语言术语集。$G_H=(V_N,V_T,I,P)$，其中的元素分别被定义为：

$V_N = \{\langle$初始术语$\rangle, \langle$合成术语$\rangle, \langle$一元关系$\rangle, \langle$二元关系$\rangle, \langle$连接词$\rangle\}$

$V_T = \{$最多，最少，在 …… 和 …… 之间, $s_0,\cdots,s_g\}$

$I \in V_N$

$P = \{I ::= \langle$初始术语$\rangle | \langle$合成术语$\rangle$

$\langle$合成术语$\rangle ::= \langle$一元关系$\rangle\langle$初始术语$\rangle | \langle$二元关系$\rangle\langle$初始术语$\rangle | \langle$连接词$\rangle\langle$初始术语$\rangle$

$\langle$初始术语$\rangle ::= s_0 | s_1 | \cdots | s_g$

$\langle$一元关系$\rangle ::= $ 最多 $|$ 最少

$\langle$二元关系$\rangle ::= $ 在 …… 之间

$\langle$连接词$\rangle ::= $ 和$\}$

运用环境-自由语法 G_H，可以很容易生成不同类型的 CLEs，如"最多 s_1""最少 s_{g-2}""在 s_{j-1} 和 s_j 之间"（其中 $j \leqslant g$）等。

定义 2.4.4 （转化函数）[77] 一个由 CLE, ll 到 HFLTS, H_S 的转化函数 E_{G_H}，被定义为

$$E_{G_H}: ll \to H_S; \qquad (2\text{-}9)$$

其中，S 指的是与转化函数 E_{G_H} 相联系的语言术语集。

基于转化函数 E_{G_H}，由 G_H 所产生的 CLEs 可以根据它们的具体含义被转化为相应的 HFLTSs：

$$E_{G_H}(s_i) = \{s_i \mid s_i \in S\}$$

$$E_{G_H}(\text{最多 } s_i) = \{s_j \mid s_j \leqslant s_i \text{ 且 } s_j \in S\}$$

$$E_{G_H}(\text{最少 } s_i) = \{s_j \mid s_j \geqslant s_i \text{ 且 } s_j \in S\}$$

$$E_{G_H}(\text{在 } s_i \text{ 和 } s_j \text{ 之间}) = \{s_k \mid s_i \leqslant s_k \leqslant s_j \text{ 且 } s_k \in S\}$$

为了实现 CLEs 的相关运算，一种可行的方案是利用转化函数将 CLEs 转化为 HFLTSs，继而利用 HFLTSs 的表示模型进行运算。

包络，作为 HFLTSs 的一种重要的表示模型，最早是以区间的形式出现的[77]。后来，文献[79]中，Liu 和 Rodriguez 提出了一种形式为模糊集的 HFLTSs 的包络测度(称为模糊包络)。我们在本研究中将采用文献[79]中的表示模型，因为它保留了语言信息的模糊属性，符合模糊语言方法的一般思想。一个 HFLTS，H_S 的模糊包络 F_{H_S} 是一个梯形模糊数，可以参数化地表示为 $F_{H_S} = T(a, b, c, d)$。

第 3 章
不同软粗糙集模型之间的关系

本章首先梳理了软粗糙集模型的研究背景,分析了相关研究的必要性,继而详细研究了 F-软粗糙近似算子和 MSR 近似算子之间的关系,MSR 近似算子和 Pawlak's 粗糙近似算子之间的关系,不同软粗糙模糊集之间的联系,F-软粗糙集和形式概念分析中的 modal-style 算子之间的关系,并在上述研究的基础上,构造了一种新的混合软集模型。

3.1 软粗糙集模型研究背景

在过去的十年中,研究者们通过将软集、粗糙集,以及模糊集模型相互结合,构造出了不同的软粗糙集模型。为了在粗糙集模型中引入参数化的工具,Feng 等[16][70]通过将软集作为知识,构建了精确集合和模糊集合的上下近似算子,从而分别定义了软粗糙集和软粗糙模糊集。Meng 等[18]通过将模糊软集作为知识,构建了精确集合的上下近似算子,定义了软模糊粗糙集模型。Qin 等[80]在软集的相似性度量和模糊软集的相似性度量的基础上,通过引入信心阈值的概念,定义了一些软模糊粗糙集模型,并研究了对应于这些模型的近似算子的性质。Shabir 等[21]指出,在 Feng 等[70]所定义的软粗糙集模型中,一个非空集合的上近似可能是空集,集合 X 的子集的上近似可能并不包含在 X 内。为了解决这个问题,Shabir 等[21]修正了文献[70]中软粗糙集模型的概念,从而定义了一种新的软粗糙集模型,即 MSR 集模型。在 MSR 集模型中,对于软集没有刻板的限制条件,相关定义也都与经典粗糙集模型中的定义非常相似。Zhan 等[57]将 MSR 集模型进行扩展,定义了 Z-软粗糙模糊集,并研究了该模型在决策问题中的应用。

由于这些模型都建立在将软集与粗糙集模型相结合的基础上,我们可以将这类模型统称为软粗糙集模型。值得注意的是,这些软粗糙集模型虽然相互独立,却也密切相关。然而,迄今为止还没有研究者就这些模型之间的关系进行系统的研究。

一个软集 S 可以被视作一个信息系统 I_S,基于这个信息系统,我们可以构造 Pawlak 粗糙近似算子和粗糙模糊近似算子。那么很自然地,人们就会产生一些疑问:软集 S 中的软粗糙近似算子和信息系统 I_S 中的 Pawlak 粗糙近似算子之间是一种什么样的关系?软粗糙模糊近似算子和粗糙模糊近似算子之间是什么样的关系?能不能在信息系统 I_S 中构造软集的软粗糙近似算子呢?

此外,形式背景的概念为软集和形式概念分析的研究提供了一种理论框架[81]。从数学的角度来看,软集的概念和形式背景的概念是等价的。软粗糙近似算子和形式概念分析中 modal-style 算子之间的关系也应该受到研究者的重视。

基于上述分析,在本章节中我们将展开如下研究:

(1) 研究 MSR 近似算子与 F-软粗糙近似算子之间的关系。

(2) 研究 MSR 近似算子和 Pawlak's 粗糙近似算子之间的关系。

(3) 研究 F-软粗糙模糊集,M-软粗糙模糊集和 Z-软粗糙模糊集之间的关系。

(4) 研究 F-软粗糙集和形式概念分析中的 modal-style 算子之间的关系。

(5) 计算软集的软粗糙近似,从而构造一种新的模型,并针对该模型在决策问题中的应用进行初步的研究。

3.2 MSR 近似算子和 F-软粗糙近似算子之间的关系

在文献[70]中,Feng 等提出了软粗糙集和软粗糙模糊集的概念。构造这两种模型的关键在于,用软集代替等价关系,从而计算精确集合和模糊集合的近似算子。为了与其他模型进行区分,我们称文献[70]中的模型为 F-软粗糙集和 F-软粗糙模糊集。

定义 3.2.1 [70] $S=(f,A)$ 是论域 U 上的一个软集。$P=(U,S)$ 被称作一个软近似空间。基于 P，定义对于 $X \subseteq U$，

$$\underline{apr}_P(X) = \{u \in U; \exists a \in A(u \in f(a) \subseteq X)\}, \quad (3\text{-}1)$$

$$\overline{apr}_P(X) = \{u \in U; \exists a \in A(u \in f(a), f(a) \cap X \neq \varnothing)\}. \quad (3\text{-}2)$$

$\underline{apr}_P(X)$ 和 $\overline{apr}_P(X)$ 被分别被称作集合 X 在 P 中的 F-下软粗糙近似和 F-上软粗糙近似。如果 $\underline{apr}_P(X) = \overline{apr}_P(X)$，那么称 X 是 P 中 F-软可定义的；否则，X 是一个 F-软粗糙集。

显然，$\underline{apr}_P(X)$ 和 $\overline{apr}_P(X)$ 可以被等价表示为[16]：

$$\underline{apr}_P(X) = \bigcup \{f(a); a \in A \wedge f(a) \subseteq X\}, \quad (3\text{-}3)$$

$$\overline{apr}_P(X) = \bigcup \{f(a); a \in A \wedge f(a) \cap X \neq \varnothing\}. \quad (3\text{-}4)$$

在这个定义中，软集 S 被视为论域中的知识，用于构造集合的上下近似。值得注意的是，F-下软粗糙近似算子和 F-上软粗糙近似算子并不能保证条件 $\underline{apr}_P(X^C) = (\overline{apr}_P(X))^C$ 的成立(其中，$X^C = U - X$ 指的是集合 X 的补集)。

一个论域 U 上的软集 $S=(f,A)$ 如果满足条件 $\bigcup_{a \in A} f(a) = U$，那么它是一个全软集[70]。在这种情况下，$\{f(a); a \in A\}$ 形成了论域 U 的一个覆盖。由此可知，$\underline{apr}_P$，$\overline{apr}_P$ 和覆盖粗糙近似[69] 从本质上是紧密联系的[16]。此外，如果 $\{f(a); a \in A\}$ 形成论域 U 上的一个划分，那么软集 $S=(f,A)$ 被称作一个划分软集[16][70]。

Shabir 等[21]指出，如果一个软集 $S=(f,A)$ 不是一个全软集，那么对于 U 中的任意子集 $X \subseteq U$，存在对象 $x \in U$，使得 $x \in Neg_P(X) = U - \overline{apr}_P(X)$。换句话来说，对于 U 的任意子集 $X \subseteq U$，存在对象 $x \in U$，使得 $x \notin \overline{apr}_P(X)$。那么，$x \subseteq \overline{apr}_P(X)$ 以及粗糙集的一些基本性质都将不成立。基于上述考虑，Shabir 等[21] 提出了一种修正的软粗糙集模型，即 MSR 集。

定义 3.2.2 [21] (f,A) 是论域 U 上的一个软集，定义一个映射 $\varphi: U \to P(A)$，使得 $\varphi(x) = \{a \in A; x \in f(a)\}$。那么 (U, φ) 被称作一个 MSR-近似空间。对于论域中的任意子集 $X \subseteq U$，它的下 MSR 近似 $\underline{X}_\varphi$ 和上 MSR 近似 $\overline{X}_\varphi$

分别被定义为

$$X_\varphi = \{x \in U; \forall y \in X^C(\varphi(x) \neq \varphi(y))\}, \tag{3-5}$$

$$\overline{X}_\varphi = \{x \in U; \exists y \in X(\varphi(x) = \varphi(y))\}. \tag{3-6}$$

如果 $\underline{X}_\varphi = \overline{X}_\varphi$，那么称 X 是 MSR 可定义的；否则，X 是一个 MSR 集。

从数学的角度来看，(φ, U) 可以被视为属性集 A 上的一个软集。在文献[54]中，(φ, U) 被称为由软集(f, A)诱导出的一个伪(pseudo)软集，该文献还研究了伪软集在决策问题中的应用。

文献[21]中指出，对于论域中的任意子集 $X \subseteq U$，$\underline{apr}_P(X) \subseteq \underline{X}_\varphi$。此外，条件 $\overline{X}_\varphi \subseteq \overline{apr}_P(X)$ 和 $\overline{apr}_P(X) \subseteq \overline{X}_\varphi$ 在通常情况下都不成立。

【例 3-1】 $S = (f, A)$ 是论域 U 上的一个软集（见表 3-1），其中 $U = \{u_1, u_2, u_3, u_4, u_5, u_6\}$，$A = \{e_1, e_2, e_3, e_4\}$。

(1) 根据定义，$\overline{apr}_P(U) = \bigcup_{a \in A} f(a) = \{u_1, u_2, u_3, u_4, u_5, u_6\}$。那么 $u_4 \notin \overline{apr}_P(U)$，因此对于任意 $X \subseteq U$，有 $u_4 \notin \overline{apr}_P(X)$。

表 3-1 软集(f, A)

	u_1	u_2	u_3	u_4	u_5	u_6
e_1	1	0	0	0	0	1
e_2	0	0	1	0	0	0
e_3	0	0	0	0	0	0
e_4	1	1	0	0	1	0

(2) 令 $X = \{u_3, u_4, u_5\}$，由定义可以计算得到 $\overline{apr}_P(X) = \{u_1, u_2, u_3, u_5\}$，$\overline{X}_\varphi = \{u_2, u_3, u_4, u_5\}$。那么，$\overline{apr}_P(X) \subseteq \overline{X}_\varphi$，或者 $\overline{X}_\varphi \subseteq \overline{apr}_P(X)$，不成立。

下面，我们来讨论 $\overline{apr}_P(X)$，$\overline{X}_\varphi$，$\underline{apr}_P(X)$ 和 $\underline{X}_\varphi$ 的性质，以及它们之间的关系。

定理 3.2.1 $S = (f, A)$ 是论域 U 上的一个软集，$P = (U, S)$ 是对应的软近似空间。S 是一个全软集 $\Leftrightarrow$ 对于任意 $X \subseteq U$，有 $\overline{X}_\varphi \subseteq \overline{apr}_P(X)$。

第3章 不同软粗糙集模型之间的关系

证明：($\Rightarrow$)。假设 S 是一个全软集，$X \subseteq U$。对于任意 $x \in \bar{X}_\varphi$，存在 $y \in X$ 使得 $\varphi(x) = \varphi(y)$。由 $y \in U = \bigcup_{a \in A} f(a)$ 可知，存在一个属性 $a \in A$，使得 $y \in f(a)$。那么，$y \in X \cap f(a)$。由此可得 $X \cap f(a) \neq \varnothing$。由 $y \in f(a)$，可知 $a \in \varphi(y) = \varphi(x)$，那么 $x \in f(a)$，且 $x \in \overline{apr_P}(X)$。由此可得 $\bar{X}_\varphi \subseteq \overline{apr_P}(X)$。

($\Leftarrow$)。假设对于任意 $X \subseteq U$，有 $\bar{X}_\varphi \subseteq \overline{apr_P}(X)$。对于任意 $x \in U$，可以得到 $x \in \overline{\{x\}}_\varphi \subseteq \overline{apr_P}(\{x\}) = \bigcup \{f(a); f(a) \cap \{x\} \neq \varnothing\} = \bigcup \{f(a); x \in f(a)\}$。那么，存在属性 $a \in A$ 使得 $x \in f(a)$。由 x 的任意性，可以得到 S 是一个全软集。

定理 3.2.2 $S = (f, A)$ 是论域 U 上的一个软集，$P = (U, S)$ 是对应于 S 的软近似空间。对于任意属性 $a, b \in A$，只要 $f(a) \neq f(b)$，那么 $f(a) \cap f(b) = \varnothing \Leftrightarrow$ 对于任意集合 $X \subseteq U$，有 $\overline{apr_P}(X) \subseteq \bar{X}_\varphi$。

证明：($\Rightarrow$)。假设对于任意 $a, b \in A$，只要 $f(a) \neq f(b)$，那么 $f(a) \cap f(b) = \varnothing$。令 $X \subseteq U$，对于任意 $x \in \overline{apr_P}(X)$，存在属性 $a \in A$ 使得 $x \in f(a)$ 且 $f(a) \cap X \neq \varnothing$。由此可见，存在 $y \in U$ 使得 $y \in f(a) \cap X$。对于任意 $b \in A$，如果 $f(a) \neq f(b)$，那么 $f(a) \cap f(b) = \varnothing$，那么由 $x \in f(a)$ 可以得到 $x \notin f(b)$。因此，$\varphi(x) = \{b \in A; f(b) = f(a)\}$。类似地，可以得到 $\varphi(y) = \{b \in A; f(b) = f(a)\}$。那么，$\varphi(x) = \varphi(y)$。由 $y \in X$，可以得到 $x \in \bar{X}_\varphi$，继而，$\overline{apr_P}(X) \subseteq \bar{X}_\varphi$。

($\Leftarrow$)。假设对于任意 $X \subseteq U$，有 $\overline{apr_P}(X) \subseteq \bar{X}_\varphi$。对于任意 $a, b \in A$，如果 $f(a) \cap f(b) \neq \varnothing$，那么存在 $x \in U$，使得 $x \in f(a) \cap f(b)$。由 $x \in f(a)$，可以得到 $f(a) \subseteq \bigcup \{f(c); x \in f(c)\} = \bigcup \{f(c)\{x\} \cap f(c) \neq \varnothing\} = \overline{apr_P}(\{x\}) \subseteq \overline{\{x\}}_\varphi = \{y \in U; \varphi(y) = \varphi(x)\}$.

如果 $\varphi(y) = \varphi(x)$，那么 $a \in \varphi(x) = \varphi(y)$，因此 $y \in f(a)$。于是，可以得到 $f(a) = \{y \in U; \varphi(y) = \varphi(x)\}$。类似地，由 $x \in f(b)$，可以得到 $f(b) = \{y \in U; \varphi(y) = \varphi(x)\}$，因此 $f(a) = f(b)$。

由定理 3.2.1 和定理 3.2.2，可以得到推论 I。

推论 I $S=(f,A)$ 是论域 U 上的一个软集，$P=(U,S)$ 是对应于 S 的软近似空间，且对于任意属性 $e \in A$，有 $f(e) \neq \varnothing$。S 是一个划分软集 $\Leftrightarrow$ 对于任意 $X \subseteq U$，有 $\overline{apr_P}(X) \subseteq \overline{X_\varphi}$。

定理 3.2.3 $S=(f,A)$ 是论域 U 上的一个软集，$P=(U,S)$ 是对应于 S 的软近似空间。S 是一个全软集 $\Leftrightarrow$ 对于任意 $X \subseteq U$，有 $X \subseteq \overline{apr_P}(X)$。

证明： ($\Rightarrow$)。假设 S 是一个全软集。对于任意 $X \subseteq U$，由定理 3.2.1 可以得到 $\overline{X_\varphi} \subseteq \overline{apr_P}(X)$。

($\Leftarrow$)。反过来，假设对于任意 $X \subseteq U$，有 $X \subseteq \overline{apr_P}(X)$。对于任意 $x \in U$，可以得到 $x \in \{x\} \subseteq \overline{apr_P}(\{x\}) = \bigcup \{f(a); f(a) \cap \{x\} \neq \varnothing\} = \bigcup \{f(a); x \in f(a)\}$。那么，存在属性 $a \in A$，使得 $x \in f(a)$。也就是说，S 是一个全软集。

定理 3.2.4 $S=(f,A)$ 是论域 U 上的一个软集，$P=(U,S)$ 是对应于 S 的软近似空间。对于任意 $x \in U$，存在属性 $a \in A$，使得 $f(a)=\{y \in U; \varphi(y)=\varphi(x)\} \Leftrightarrow$ 对于任意 $X \subseteq U$，有 $\underline{X_\varphi} \subseteq \underline{apr_P}(X)$。

证明： ($\Rightarrow$)。假设 $X \subseteq U$ 且 $x \in \underline{X_\varphi}$。对于任意 $y \in U$，如果 $\varphi(x)=\varphi(y)$，那么由 $x \in \underline{X_\varphi}$ 可以得到 $y \in X$。继而，可以得到 $\{y \in U; \varphi(y)=\varphi(x)\} \subseteq X$，而且存在属性 $a \in A$，使得 $f(a)=\{y \in U; \varphi(y)=\varphi(x)\}$。那么，$x \in f(a)$ 且 $f(a) \subseteq X$。由此可得，$x \in \underline{apr_P}(X)$，由 x 的任意性可得，$\underline{X_\varphi} \subseteq \underline{apr_P}(X)$。

($\Leftarrow$)。假设对所有 $X \subseteq U$，有 $\underline{X_\varphi} \subseteq \underline{apr_P}(X)$。对于任意 $x \in U$，令 $X = \{y \in U; \varphi(y)=\varphi(x)\}$，那么 $\underline{X_\varphi} = \{u \in U; \exists y \in X(\varphi(u)=\varphi(y))\} = \{u \in U; \varphi(u)=\varphi(y)\} = X$。

由 $x \in X$ 且 $\underline{X_\varphi} \subseteq \underline{apr_P}(X)$，可以得到 $x \subseteq \underline{apr_P}(X)$，由此可知，存在 $a \in A$，使得 $x \in f(a)$ 且 $f(a) \subseteq X$。

对于任意 $y \in X$，有 $\varphi(y)=\varphi(x)$，那么 $a \in \varphi(x)=\varphi(y)$。由此可以得到，$y \in f(a)$，那么 $X \subseteq f(a)$。

综上可知，$f(a)=X=\{y \in U; \varphi(y)=\varphi(x)\}$。

3.3 MSR 近似算子和 Pawlak's 粗糙近似算子之间的关系

信息系统和软集是密切关联的[16][82][83]。$S(F,A)$ 是论域 U 上的一个软集。由软集 S 可以很自然地诱导出一个信息系统 $I_S=(U,A)$。事实上，对于任意属性 $a\in A$，可以定义一个函数 $a:U\to V_a=\{0,1\}$，如果 $x\in F(a)$，那么 $a(x)=1$；如果 $x\notin F(a)$，那么 $a(x)=0$。这样一来，每一个软集可以被视为一个信息系统，这也是软集的表格表示可以在文献中被广泛应用的佐证。

同样地，一个信息系统也可以用一个软集来进行表示。假设 $I=(U,A)$ 是一个信息系统。将 $B=\{(a,v_a);a\in A\wedge v_a\in V_a\}$ 作为一个属性集，对于每组 $a\in A$ 和 $v_a\in V_a$，令 $F(a,v_a)=\{x\in U;a(x)=v_a\}$，那么可以定义一个软集 (F,B)。由此，软集 (F,B) 被称作由信息系统 I 所诱导的一个软集。

$S=(f,A)$ 是一个软集，由 S 所诱导的信息系统为 $I_S=(U,A)$。根据文献[62]，A 决定了一个论域 U 上的不可区分关系 R_S：

$$R_S=\{(x,y)\in U\times U;\forall a\in A(a(x)=a(y))\}. \tag{3-7}$$

显然，R_S 是一个等价关系，(U,R_S) 是一个 Pawlak 近似空间。我们用 $[x]_{R_S}$ 表示包含 x 的等价类。那么，人们很自然地会产生疑问：在近似空间 (U,R_S) 中的 Pawlak 粗糙近似算子和由软集 S 诱导出的 F-软粗糙近似算子，以及 MSR 近似算子之间是什么关系？在本节中，我们将针对这个问题展开论证。

定理 3.3.1 [16][70] $S=(f,A)$ 是在论域 U 上的一个划分软集，$P(U,S)$ 是一个软近似空间。定义一个在论域 U 上的等价关系 R：

$$R=\{(x,y)\in U\times U;\exists a\in A(\{x,y\}\subseteq f(a))\}, \tag{3-8}$$

那么对于任意 $X\subseteq U$，有 $\underline{apr}_P(X)=\underline{R}(X)$，$\overline{apr_P}(X)\subseteq\overline{R}(X)$。

证明： 见文献[16][70]。

定理 3.3.2 $S=(f,A)$ 是在论域 U 上的一个划分软集，$I_S=(U,A)$ 是由软集 $S=(f,A)$ 所诱导而得到的信息系统。那么，$R_S=R$，其中 R 由公式(3-8)决定。

证明： 令 $x,y \in U$, $(x,y) \in R$。由定义可以得出,存在属性 $a \in A$,使得 $\{x,y\} \subseteq f(a)$。由此可知 $a(x)=1=a(y)$。对于任意属性 $b \in A-\{a\}$,如果 $f(b)=f(a)$,那么 $\{x,y\} \subseteq f(a)=f(b)$ 且 $b(x)=1=b(y)$;如果 $f(b) \neq f(a)$,那么 $f(b) \cap f(a) = \varnothing$ 且 $x \notin f(b)$, $y \notin f(b)$。由此可知 $b(x)=0=b(y)$。那么,对于任意 $c \in A$,有 $c(x)=c(y)$。综上可知,$(x,y) \in R_S$。

反过来,令 $x,y \in U$ 且 $(x,y) \in R_S$。由 $x \in U = \bigcup_{a \in A} f(a)$,存在属性 $a \in A$ 使得 $x \in f(a)$。由此可以得到 $a(y)=a(x)=1$,那么 $y \in f(a)$。$\{x,y\} \subseteq f(a)$,那么 $(x,y) \in R$。

根据定理 3.3.1 和定理 3.3.2,当软集是一个划分软集时,在 (U,S) 中的 F-软粗糙集与 (U,R_S) 中的 Pawlak 粗糙集是等价的。对于 MSR 集,我们可以得出如下结果。

定理 3.3.3 $S=(f,A)$ 是一个软集,由 S 所诱导的信息系统为 $I_S=(U,A)$。

(1) 对于任意 $x \in U$, $[x]_{R_S} = \{y \in U; \varphi(x)=\varphi(y)\}$。

(2) 对于任意 $X \subseteq U$, $\underline{X}_\varphi = \underline{R_S}(X)$。

(3) 对于任意 $X \subseteq U$, $\overline{X}_\varphi = \overline{R_S}(X)$。

证明：(1) 令 $x,y \in U$,且 $y \in [x]_{R_S}$。那么对于任意 $a \in A$,有 $a(x)=a(y)$。对于任意 $b \in \varphi(x)$,有 $x \in f(b)$,那么 $b(x)=1$。由此可知 $b(y)=b(x)=1$ 且 $y \in f(b)$。那么 $b \in \varphi(y)$,且 $\varphi(x) \subseteq \varphi(y)$。类似地,可以得出 $\varphi(y) \subseteq \varphi(x)$,那么 $\varphi(x) = \varphi(y)$。

反过来,假设 $\varphi(x) \subseteq \varphi(y)$。对于任意 $a \in A$,如果 $a(x)=1$,那么 $x \in f(a)$,于是 $a \in \varphi(x) = \varphi(y)$,由此可得 $y = f(a)$ 且 $a(y)=1$;如果 $a(x)=0$,那么 $x \notin f(a)$,于是 $a \notin \varphi(x) = \varphi(y)$,由此可得 $y \notin f(a)$ 且 $a(y)=0$。继而,对于任意的 $a \in A$,有 $a(x)=a(y)$,那么 $y \in [x]_{R_S}$。

(2) 令 $X \subseteq U$ 且 $x \in \underline{X}_\varphi$。对于任意 $y \in [x]_{R_S}$,由定理 3.3.3 中已证的 (1) 项可以得到 $\varphi(x)=\varphi(y)$。由 $x \in \underline{X}_\varphi$ 可以知道,只要 $z \in X^c$,那么 $\varphi(x) \neq \varphi(z)$。于是,由 $\varphi(x)=\varphi(y)$ 可知 $y \in X$。继而,$[x]_{R_S} \subseteq X$,那么 $x \in \underline{R_S}(X)$。综上可得,$\underline{X}_\varphi \subseteq \underline{R_S}(X)$。

相反地,假设 $x \in \underline{R_S}(X)$,那么 $[x]_{R_S} \subseteq X$。对于任意 $y \in X^c$,我们有 $y \notin X$,并且 $y \notin [x]_{R_S}$。那么,由定理 3.3.3 中已证的(1)项可得 $\varphi(x) \neq \varphi(y)$。于是,$x \in \underline{X_\varphi}$,那么 $\underline{R_S}(X) \subseteq \underline{X_\varphi}$。

(3) 令 $X \subseteq U$ 且 $x \in \overline{X_\varphi}$。于是,存在 $y \in X$,使得 $\varphi(x) = \varphi(y)$,那么 $y \in [x]_{R_S}$。于是,$[x]_{R_S} \cap X \neq \varnothing$,那么 $x \in \overline{R_S}(X)$。

反过来,假设 $x \in \overline{R_S}(X)$。于是,$[x]_{R_S} \cap X \neq \varnothing$。由此可知,存在 $y \in X$,使得 $y \in [x]_{R_S}$。于是,$\varphi(x) = \varphi(y)$,那么 $x \in \overline{X_\varphi}$。

基于上述定理可知,MSR 近似算子是一种 Pawlak 粗糙近似算子。

在 MSR 集的基础上,Zhan 等[57]提出了 Z-软粗糙模糊集的概念。

定义 3.3.1 [57] (f, A) 是论域 U 上的一个软集,(U, φ) 是 MSR 近似空间。对于任意模糊集 $\mu \in F(U)$,它的 Z-下软粗糙近似 $\underline{\mu_\varphi}$ 和 Z-上软粗糙近似 $\overline{\mu_\varphi}$,分别是论域 U 上的模糊集:对于任意 $x \in U$,有

$$\underline{\mu_\varphi}(x) = \wedge \{\mu(y); y \in U \wedge \varphi(x) = \varphi(y)\}, \tag{3-9}$$

$$\overline{\mu_\varphi}(x) = \vee \{\mu(y); y \in U \wedge \varphi(x) = \varphi(y)\}. \tag{3-10}$$

算子 $\underline{\mu_\varphi}$ 和 $\overline{\mu_\varphi}$ 分别被称为作用在一个模糊集上的 Z-下软粗糙近似算子和 Z-上软粗糙近似算子。如果 $\underline{\mu_\varphi} = \overline{\mu_\varphi}$,称模糊集 μ 是 Z-软可定义的;否则,μ 是一个 Z-软粗糙模糊集。

由定理 3.3.3 第(1)条,我们可以得出推论 Ⅱ。

推论 Ⅱ $S = (f, A)$ 是在论域 U 上的一个软集,$I_S = (U, A)$ 是由软集 $S = (f, A)$ 所诱导得到的信息系统。那么对于任意 $\mu \in F(U)$,$x \in U$,有

(1) $\underline{\mu_\varphi}(x) = \wedge \{\mu(y); y \in [x]_{R_S}\}$

(2) $\overline{\mu_\varphi}(x) = \vee \{\mu(y); y \in [x]_{R_S}\}$

由此可知,Z-下(上)软粗糙近似算子和文献[63]中所定义的下(上)粗糙模糊近似算子等价。

3.4 不同软粗糙模糊集之间的关系

软粗糙模糊集是软粗糙集模型的一种扩展模型,在软粗糙模糊集模型中,我

们可以针对一个模糊集在软近似空间中的近似算子进行研究。迄今为止,研究者已经定义了若干种不同的软粗糙模糊集模型。在本节中,我们将针对这些软粗糙集模型和粗糙模糊集模型之间的关系进行讨论。

Feng 等[70]最早构造了作用于模糊集上的软粗糙近似算子,定义了一种软粗糙模糊集模型。

定义 3.4.1 [70] $S=(f,A)$ 是论域 U 上的一个全软集,$P=(U,S)$ 是一个软近似空间。对于任意模糊集 $\mu \in F(U)$,它在 P 中的下软粗糙近似 $\underline{sap}_P(\mu)$ 和上软粗糙近似 $\overline{sap}_P(\mu)$,分别是定义在论域 U 上的模糊集:对于任意 $x \in U$,有

$$\underline{sap}_P(\mu)(x) = \wedge \{\mu(y); \exists a \in A(\{x,y\} \subseteq f(a))\}, \quad (3-11)$$

$$\overline{sap}_P(\mu)(x) = \vee \{\mu(y); \exists a \in A(\{x,y\} \subseteq f(a))\}. \quad (3-12)$$

$\underline{sap}_P(\mu)$ 被称为定义在模糊集上的 F-下软粗糙近似算子,$\overline{sap}_P(\mu)$ 被称为定义在模糊集上的 F-上软粗糙近似算子。如果 $\underline{sap}_P(\mu) = \overline{sap}_P(\mu)$,称模糊集 μ 是 F-软可定义的;否则,μ 是一个 F-软粗糙模糊集。

值得注意的是,对于任意的 $\mu \in F(U)$,条件 $\overline{sap}_P(\mu^c) = (\underline{sap}_P(\mu))^c$ 都成立。

Feng 等在文献[16]中通过如下定理研究了 F-软粗糙模糊集和粗糙模糊集之间的关系。

定理 3.4.1 [16] $S=(f,A)$ 是定义在论域 U 上的一个划分软集,$P(U,S)$ 是一个软近似空间,R 是由公式(3-8)所定义的一个等价关系。对于任意 $\mu \in F(U)$,$x \in U$,有

$$\underline{sap}_P(\mu)(x) = \wedge \{\mu(y); y \in [x]_R\}, \quad (3-13)$$

$$\overline{sap}_P(\mu)(x) = \vee \{\mu(y); y \in [x]_R\}, \quad (3-14)$$

那么,当且仅当 μ 是在软近似空间 $P=(U,S)$ 上的一个软粗糙模糊集时,μ 是在近似空间 (U,R) 上的一个粗糙模糊集。

证明: 见文献[16]。

综上可知,当作为知识的软集 S 是一个划分软集时,在 Pawlak 近似空间

(U,R) 上的一个粗糙模糊集可以被识别为在软近似空间 (U,S) 上的一个 F-软粗糙模糊集。

Meng 等[18]指出，$\overline{sap_P}$ 是 $\overline{apr_P}$ 的扩展，也就是说，如果 $X \in P(U)$，那么 $\overline{sap_P}(X) = \overline{apr_P}(X)$。然而，$\underline{sap_P}$ 并非是 $\underline{apr_P}$ 的一种扩展。基于此，Meng 等[18]定义了一种新的软粗糙模糊集模型。

定义 3.4.2 [18] $S=(f,A)$ 是定义在论域 U 上的一个全软集，$P=(U,S)$ 是一个软近似空间。对于一个模糊集 $\mu \in F(U)$，它的下软粗糙近似 $\underline{sap'_P}(\mu)$ 和上软粗糙近似 $\overline{sap'_P}(\mu)$ 均为定义在论域 U 上的模糊集：对于任意的 $x \in U$，有

$$\underline{sap'_P}(\mu)(x) = \vee_{x \in f(a)} \wedge_{y \in f(a)} \mu(y), \tag{3-15}$$

$$\overline{sap'_P}(\mu)(x) = \wedge_{x \in f(a)} \vee_{y \in f(a)} \mu(y). \tag{3-16}$$

如果 $\underline{sap'_P}(\mu) = \overline{sap'_P}(\mu)$，那么称 μ 是软可定义的；否则，μ 是一个软粗糙模糊集。为了方便与其他模型进行区分，我们称之为 M-软粗糙模糊集模型。

在文献[18]中，证明了 $\underline{sap'_P}$ 是 $\underline{apr_P}$ 的一种扩展，也就是说，对于任意 $X \subseteq U$，有 $\underline{sap'_P}(X) = \underline{apr_P}(X)$。

定理 3.4.2 $S=(f,A)$ 是定义在论域 U 上的一个划分软集，$P=(U,S)$ 是一个软近似空间，(U,R) 是一个 Pawlak 近似空间，其中 R 由公式(3-8)定义得到。对于任意的 $\mu \in F(U)$，有 $\underline{sap'_P}(\mu) = \underline{R}(\mu)$ 且 $\overline{sap'_P}(\mu) = \overline{R}(\mu)$。

证明： 令 $\mu \in F(U)$，$x \in U$。对于任意 $y \in [x]_R$，存在属性 $a \in A$，使得 $\{x,y\} \subseteq f(a)$。假设 $b \in A$ 且 $x \in f(b)$。注意到 (f,A) 是一个划分软集，由 $x \in f(a) \cap f(b)$，可以得到 $f(a) \cap f(b) \neq \varnothing$，那么 $f(a) = f(b)$。$\underline{sap'_P}(\mu)(x) = \vee_{x \in f(a)} \wedge_{z \in f(a)} \mu(z) = \wedge_{z \in f(a)} \mu(z) \leqslant \mu(y)$，那么，$\underline{sap'_P}(\mu)(x) \leqslant \wedge \{\mu(y); y \in [x]_R\} = \underline{R}(\mu)(x)$。

反过来，假设 $x \in f(a)$。对于任意 $y \in f(a)$，我们得到 $\{x,y\} \subseteq f(a)$，那么 $y \in [x]_R$。由此可得，$\mu(y) \geqslant \wedge \{\mu(z); z \in [x]_R\} = \underline{R}(\mu)(x)$。于是，$\wedge_{y \in f(a)} \mu(y) \geqslant \underline{R}(\mu)(x)$。

综上可得，$\underline{sap'_P}(\mu)(x) = \vee_{x \in f(a)} \wedge_{z \in f(a)} \mu(z) \geqslant \underline{R}(\mu)(x)$。

类似地，我们可以证明 $\overline{sap'_P}(\mu) = \overline{R}(\mu)$。

由上述定理,当作为知识的软集 S 是一个划分软集时,在 Pawlak 近似空间 (U, R) 中的(经典)粗糙模糊集和在软近似空间 (U, S) 中的 M-软粗糙模糊集是等价的。

由推论Ⅱ可知,Z-软粗糙模糊集是一种粗糙模糊集。接下来,我们给出定理 3.4.3,用于说明 Z-软粗糙近似算子和 M-软粗糙近似算子的关系。

定理 3.4.3 $S = (f, A)$ 是定义在论域 U 上的一个全软集,$P = (U, S)$ 是一个软近似空间,且 $\mu \in F(U)$,那么

(1) $\underline{sap}'_P(\mu) \subseteq \underline{\mu}_\varphi$;

(2) $\overline{\mu}_\varphi \subseteq \overline{sap}'_P(\mu)$。

证明:(1)令 $x \in U, a \in A$ 且 $x \in f(a)$。对于任意 $y \in U$,如果 $y \in [x]_R$,那么 $\varphi(x) = \varphi(y)$。于是,$a \in \varphi(x) = \varphi(y)$,那么 $y \in f(a)$。由此可得 $[x]_R \subseteq f(a)$,因此 $\wedge_{y \in f(a)} \mu(y) \leqslant \wedge \{\mu(y), y \in [x]_R\} = \underline{\mu}_\varphi(x)$。综上可得,$\underline{sap}'_P(\mu)(x) = \vee_{x \in f(a)} \wedge_{y \in f(a)} \mu(y) \leqslant \underline{\mu}_\varphi(x)$。那么,$\underline{sap}'_P(\mu) \subseteq \underline{\mu}_\varphi$。

(2) 令 $x \in U, a \in A$ 且 $x \in f(a)$。由定理 3.3.3 中已证的(1)项可得 $[x]_R \subseteq f(a)$,那么 $\overline{\mu}_\varphi(x) = \vee \{\mu(y), y \in [x]_R\} \leqslant \vee_{y \in f(a)} \mu(y)$。

于是,$\overline{\mu}_\varphi(x) \leqslant \wedge_{x \in f(a)} \vee_{y \in f(a)} \mu(y) = \overline{sap}'_P(\mu)(x)$,那么,$\overline{\mu}_\varphi \subseteq \overline{sap}'_P(\mu)$。

F-软粗糙近似算子 $\underline{apr}_P(\mu)$ 和 $\overline{apr}_P(\mu)$ 可以被等价地表示为[80]:

$$\underline{sap}_P(\mu)(x) = \wedge \{\mu(y); \exists a \in A(\{x, y\} \subseteq f(a))\}$$

$$= \wedge_{x \in f(a)} \wedge_{y \in f(a)} \mu(y),$$

$$\overline{sap}_P(\mu)(x) = \vee \{\mu(y); \exists a \in A(\{x, y\} \subseteq f(a))\}$$

$$= \vee_{x \in f(a)} \vee_{y \in f(a)} \mu(y).$$

由此,我们得出推论Ⅲ。

推论Ⅲ $S = (f, A)$ 是论域 U 上的一个全软集,$P = (U, S)$ 是一个软近似空间。对于任意 $\mu \in F(U)$,有

$$\underline{sap}_P(\mu) \subseteq \underline{sap}'_P(\mu) \subseteq \underline{\mu}_\varphi \subseteq \mu \subseteq \overline{\mu}_\varphi \subseteq \overline{sap}'_P(\mu) \subseteq \overline{sap}_P(\mu)$$

Meng 等[18]定义了一种软模糊近似空间,在这种新的近似空间中,一个软模糊集被作为知识来粒化论域。

定义 3.4.3 [18] $F=(f,A)$ 是定义在论域 U 上的一个模糊软集。$SF=(U,F)$ 被称作一个软模糊近似空间。对于任意一个模糊集 $\mu \in F(U)$,它的下软模糊粗糙近似 $\underline{Apr}_{SF}(\mu)$ 和上软模糊粗糙近似 $\overline{Apr}_{SF}(\mu)$,是论域 U 上的模糊集:对于任意 $x \in U$,有

$$\underline{Apr}_{SF}(\mu)(x) = \wedge_{a \in A}((1-f(a)(x)) \vee (\wedge_{y \in U}((1-f(a)(y))$$
$$\vee \mu(y)))), \tag{3-17}$$

$$\overline{Apr}_{SF}(\mu)(x) = \vee_{a \in A}(f(a)(x) \wedge (\vee_{y \in U}(f(a)(y) \wedge \mu(y)))). \tag{3-18}$$

$\underline{Apr}_{SF}$ 被称为作用在模糊集上的下软模糊粗糙近似算子,$\overline{Apr}_{SF}$ 被称为作用在模糊集上的上软模糊粗糙近似算子。

文献[18]指出,$\underline{Apr}_{SF}$ 和 $\overline{Apr}_{SF}$ 分别是 $\underline{sap}_{SF}$ 和 $\overline{sap}_{SF}$ 的扩展,即:如果 $F=(f,A)$ 是一个软集,那么对于任意 $\mu \in F(U)$,有 $\underline{Apr}_{SF}(\mu) = \underline{sap}_{SF}(\mu)$ 且 $\overline{Apr}_{SF}(\mu) = \overline{sap}_{SF}(\mu)$。

定理 3.4.4 $F=(f,A)$ 是论域 U 上的一个模糊软集,$SF=(U,F)$。R_F 是论域 U 上的一个模糊关系,使得 $R_F(x,y) = \vee_{a \in A}(f(a)(x) \wedge f(a)(y))$。对于任意 $\mu \in F(U)$,有

(1) $\underline{Apr}_{SF}(\mu) = \underline{R_F}(\mu)$。

(2) $\overline{Apr}_{SF}(\mu) = \overline{R_F}(\mu)$。

根据上述定理,定义 3.4.3 中的软模糊粗糙近似是一种定义 2.4.3 中的模糊粗糙近似。值得注意的是,$R_F(x,y)$ 描述了 x 和 y 之间的一种近似关系,R_F 是对称的,然而在一般情况下 $R_F(x,x) \neq 1$。

3.5 F-软粗糙集和形式概念分析中的 modal-style 算子之间的关系

形式概念分析(FCA)的定义是由 Wille[81]在 1982 年提出的,该定义的提出

为知识表示和知识总结提供了一种新的方法。在本节中,我们研究 F-软粗糙集和形式概念分析中的 modal-style 算子之间的关系。

形式概念分析的基础是用形式背景表示对象相对于属性(参数)的符合(占有)情况。一个形式概念是由一个对象集和与对象相关的一个属性集组成的,对象集和属性集之间由两个集合-理论算子相关联。所有形式概念构成的集合形成了一个完备格,亦被称为概念格,用于反映形式概念中一般与特殊的关系。作为一种有效的数据分析工具,形式概念分析在知识表示方面受到了越来越多的关注。

定义 3.5.1 [81] 一个形式概念 (G, M, I) 由两个集合 G, M 以及这两个集合之间的一个关系 I 组成。集合 G 中的元素被称为对象,集合 M 中的元素被称为属性。$(g, m) \in I$ 意味着对象 g 符合属性 m,或者属性 m 被对象 g 所具备。

(G, M, I) 是一个形式概念。对于 $A \subseteq G, B \subseteq M$,Duntsch 和 Gediga[84] 定义了一对 modal-style 算子 ◇,□ 如下:

$$A^\diamond = \{m \in M; \exists g \in A((g, m) \in I)\}, \qquad (3-19)$$

$$A^\square = \{m \in M; \forall g \in G((g, m) \in I \to g \in A)\}, \qquad (3-20)$$

$$B^\diamond = \{g \in G; \exists m \in B((g, m) \in I)\}, \qquad (3-21)$$

$$B^\square = \{g \in G; \forall m \in M((g, m) \in I \to m \in B)\}. \qquad (3-22)$$

基于上述算子,研究者提出了属性导向的概念格[84] 和对象导向的概念格[85]。

粗糙集理论、软集理论和概念格理论有着相似的数据描述基础。从数学的角度来看,软集和形式概念是等价的。而且,一个形式概念和一个软集都可以被视作一个二值信息系统。

定理 3.5.1 $S = (F, A)$ 是论域 U 上的一个软集。S 可以诱导出一个形式概念 $C_S = (U, A, I_S)$,其中 I_S 被定义为

$$I_S = \{(x, a) \in U \times A; x \in F(a)\}.$$

反过来，令 $C=(U,A,I)$ 为一个形式概念。定义一个映射 $F_C: A \to P(U)$：对于任意 $a \in A$，有

$$F_C(a) = \{x \in U; (x,a) \in I\},$$

那么，$S_C = (F_C, A)$ 是一个软集。进一步地，有 $S_{C_S} = S$ 且 $C_{S_C} = C$。

证明： 显然定理的前一部分成立。我们只需要对 $S_{C_S} = S$ 且 $C_{S_C} = C$ 进行证明。假设 $S = (F, A)$ 是论域 U 上的一个软集，$a \in A$。

对于任意对象 $x \in U$，由定义我们可以得到

$$x \in F_{C_S}(a) \Leftrightarrow (x,a) \in I_S \Leftrightarrow x \in F(a).$$

也就是说，对于任意 $a \in A$，有 $F_{C_S}(a) = F(a)$。

那么 $F_{C_S} = F$，$S_{C_S} = S$。

接下来，假设 $C = (U, A, I)$ 是一个形式概念，$x \in U$ 且 $a \in A$。根据定义，显然有

$$(x,a) \in I_{S_C} \Leftrightarrow x \in F_C(a) \Leftrightarrow (x,a) \in I.$$

于是，可以得出结论 $C_{S_C} = C$。

下面的定理研究了 $\Diamond$，$\Box$ 和软粗糙近似算子之间的联系。

定理 3.5.2 $S = (F, A)$ 是论域 U 上的一个软集。对于 $X \subseteq U$，$\underline{apr}_P(X) = X^{\Box \Diamond}$，$\overline{apr}_P(X) = X^{\Diamond \Diamond}$。

证明：（1）对于任意 $x \in \underline{apr}_P(X)$，存在属性 $a \in A$ 使得 $x \in f(a)$ 且 $f(a) \subseteq X$。那么，$x \in a^{\Diamond}$ 且 $a^{\Diamond} \subseteq X$。于是 $a \in X^{\Box}$，$x \in a^{\Diamond} \subseteq X^{\Box \Diamond}$。由此可得，$\underline{apr}_P(X) \subseteq X^{\Box \Diamond}$。

反过来，如果 $x \in X^{\Box \Diamond}$，那么存在 $a \in X^{\Box}$ 使得 $x \in a^{\Diamond}$。于是，$x \in f(a)$ 且 $f(a) \subseteq X$。那么，$x \in \{f(c); f(c) \subseteq X\} = \underline{apr}_P(X)$。由此可得，$X^{\Box \Diamond} \subseteq \underline{apr}_P(X)$。

（2）对于任意 $x \in \overline{apr}_P(X)$，存在属性 $a \in A$，使得 $x \in f(a)$ 且 $f(a) \cap X \neq \varnothing$。由此可得，$x \in a^{\Diamond}$ 且 $a^{\Diamond} \cap X \neq \varnothing$。于是，$a \in X^{\Diamond}$，那么 $x \in a^{\Diamond} \subseteq X^{\Diamond \Diamond}$。

反过来,如果 $x \in X^{\diamond\diamond}$,那么存在属性 $a \in X^{\diamond}$,使得 $x \in a^{\diamond}$。由此可得, $x \in f(a)$ 且 $f(a) \bigcap X \neq \emptyset$。那么,$x \in \{f(c); f(c) \bigcap X \neq \emptyset\} = \overline{apr_P}(X)$。

3.6 软粗糙软集

在本节中,通过对 F-软粗糙集模型的概念进行扩展,我们定义了一种新的软集扩展模型——软粗糙软集模型。在这个新模型中,我们将以一个软集作为知识,计算另一个软集的上下近似。我们将讨论软粗糙软集的一些基本性质,并提出一种基于软粗糙软集的新的多属性群决策方法。

定义 3.6.1 U 是由论域所组成的对象集,A,A_1 是两个属性集。$S_1 = (f_1, A_1)$ 是论域 U 上的一个全软集,(U, S_1) 是一个软近似空间。$S = (f, A)$ 是论域 U 上的一个软集。S 在 (U, S_1) 中的下软粗糙近似 $\underline{sapr}_{S_1}(S) = (f_{S_1}, A)$ 和上软粗糙近似 $\overline{sapr}_{S_1}(S) = (f^{S_1}, A)$,是论域 U 上的两个软集:对于任意 $e \in A$,有

$$f_{S_1}(e) = \{x \in U: \exists e' \in A_1 [x \in f_1(e') \subseteq f(e)]\},$$

$$f^{S_1}(e) = \{x \in U: \exists e' \in A_1 [x \in f_1(e'), f_1(e') \bigcap f(e) \neq \emptyset]\}.$$

$\underline{sapr}_{S_1}$,$\overline{sapr}_{S_1}$ 分别被称为作用在软集 S 上的下、上软粗糙近似算子。如果 $\underline{sapr}_{S_1}(S) = \overline{sapr}_{S_1}(S)$,那么称软集 S 是软粗糙可定义的;否则,S 是一个软粗糙软集。

【例 3-2】 假设对象集 $U = \{x_1, x_2, x_3, x_4, x_5, x_6\}$,属性集 $E = \{e_1, e_2, e_3, e_4, e_5, e_6, e_7\}$。$A$ 和 A_1 是 E 的两个子集,其中 $A = \{e_1, e_2, e_3, e_4\} \subseteq E$,$A_1 = \{e_3, e_4, e_5, e_6, e_7\} \subseteq E$。$S_1 = (f_1, A_1)$ 是一个全软集(见表 3-2),$S = (f, A)$ 是论域 U 上的一个软集(见表 3-3)。在软近似空间 (U, S_1) 中,由定义 3.6.1,我们得到软集 $S = (f, A)$ 的下软粗糙近似 $\underline{sapr}_{S_1}(S) = (f_{S_1}, A)$(见表 3-4)和上软粗糙近似 $\overline{sapr}_{S_1}(S) = (f^{S_1}, A)$(见表 3-5)。为了便于大家理解,图 3-1 展示了由 $f(e_4)$ 分别计算 $f_{S_1}(e_4)$ 和 $f^{S_1}(e_4)$ 的过程。

表 3-2 软集 (f_1, A_1)

	x_1	x_2	x_3	x_4	x_5	x_6
e_3	1	0	0	0	0	1
e_4	0	1	1	0	0	0
e_5	0	0	0	0	0	0
e_6	0	0	0	0	1	0
e_7	0	0	0	1	1	1

表 3-3 软集 (f, A)

	x_1	x_2	x_3	x_4	x_5	x_6
e_1	1	1	0	1	0	1
e_2	0	1	1	0	0	0
e_3	0	0	0	1	1	1
e_4	1	1	1	1	0	1

表 3-4 软集 (f_{S_1}, A)

	x_1	x_2	x_3	x_4	x_5	x_6
e_1	1	0	0	0	0	1
e_2	0	1	1	0	0	0
e_3	0	0	0	1	1	1
e_4	1	1	1	0	0	1

表 3-5 软集 (f^{S_1}, A)

	x_1	x_2	x_3	x_4	x_5	x_6
e_1	1	1	1	1	1	1
e_2	0	1	1	0	0	1
e_3	1	0	0	1	1	1
e_4	1	1	1	1	1	1

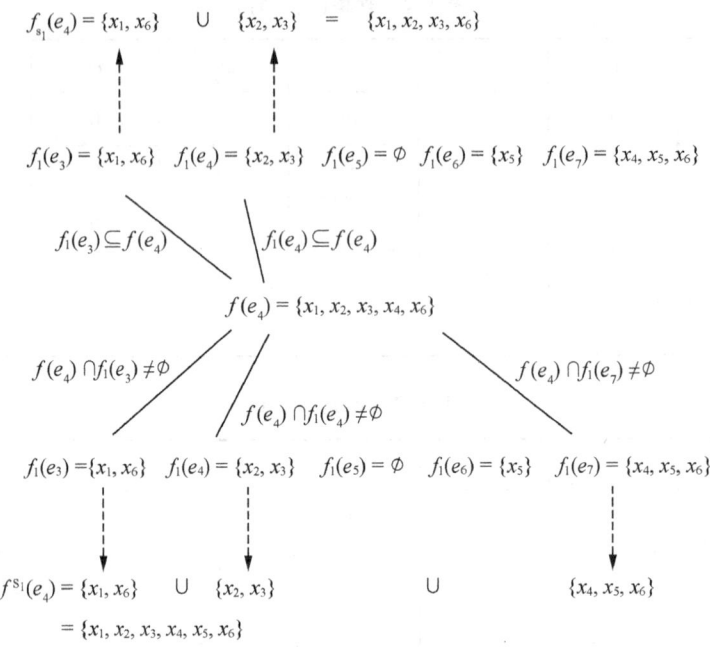

图 3-1 由 $f(e_4)$ 分别计算 $f_{S_1}(e_4)$ 和 $f^{S_1}(e_4)$ 的过程

命题 3.6.1 $S_1 = (f_1, A_1)$ 是论域 U 上的一个全软集，(U, S_1) 是一个软近似空间。$S = (f, A)$ 是论域 U 上的一个软集，那么有

(1) $\underline{sapr}_{S_1}(S) \subseteq S \subseteq \overline{sapr}_{S_1}(S)$；

(2) $\underline{sapr}_{S_1}(\widetilde{N}_{(U,A)}) = \widetilde{N}_{(U,A)} = \overline{sapr}_{S_1}(\widetilde{N}_{(U,A)})$；

(3) $\underline{sapr}_{S_1}(\widetilde{W}_{(U,A)}) = \widetilde{W}_{(U,A)} = \overline{sapr}_{S_1}(\widetilde{W}_{(U,A)})$。

证明： 将 $\widetilde{N}_{(U,A)} = (N, A)$ 在 (U, S_1) 上的下软粗糙近似和上软粗糙近似分别表示为 $\underline{sapr}_{S_1}(\widetilde{N}_{(U,A)}) = (N_{S_1}, A)$ 和 $\overline{sapr}_{S_1}(\widetilde{N}_{(U,A)}) = (N^{S_1}, A)$；将 $\widetilde{W}_{(U,A)} = (W, A)$ 在 (U, S_1) 上的下软粗糙近似和上软粗糙近似分别表示为 $\underline{sapr}_{S_1}(\widetilde{W}_{(U,A)}) = (W_{S_1}, A)$ 和 $\overline{sapr}_{S_1}(\widetilde{W}_{(U,A)}) = (W^{S_1}, A)$。

(1a) 对于任意 $x \in U$，$e \in A$，如果 $x \in f_{S_1}(e) = \{x \in U: \exists e' \in A_1[x \in f_1(e') \subseteq f(e)]\}$，那么 $x \in f(e)$，由此可得 $f_{S_1}(e) \subseteq f(e)$。

(1b) 对于任意 $e \in A$，如果 $x \in f(e)$，由于 (f_1, A_1) 是一个全软集，可得 $\exists e' \in A_1$，使得 $x \in f_1(e')$，那么 $x \in f_1(e') \cap f(e) \neq \emptyset$，因此，$x \in U: \exists e' \in$

$A_1[x \in f_1(e'), f_1(e') \bigcap f(e) \neq \emptyset]$,即对于任意$e \in A$,有$x \in f^{S_1}(e)$且$f(e) \subseteq f^{S_1}(e)$。

于是,对于任意$e \in A$,有$f_{S_1}(e) \subseteq f(e) \subseteq f^{S_1}(e)$,即$\underline{sapr}_{S_1}(S) \subseteq S \subseteq \overline{sapr}_{S_1}(S)$。

(2a) 由相对空软集的定义,对于任意属性$e \in A$,有$N(e)=\emptyset$。对于任意属性$e \in A$,有$N_{S_1}(e)=\{x \in U: \exists e' \in A_1[x \in f_1(e') \subseteq N(e)]\}=\{x \in U: \exists e' \in A_1[x \in f_1(e') \subseteq \emptyset]\}=\emptyset=N(e)$,那么,$\underline{sapr}_{S_1}(\widetilde{N}_{(U,A)})=\widetilde{N}_{(U,A)}$。

(2b) 由相对空软集的定义,对于任意属性$e \in A$,有$N(e)=\emptyset$。对于任意$e \in A$,有$N^{S_1}(e)=\{x \in U: \exists e' \in A_1[x \in f_1(e'), f_1(e') \bigcap N(e) \neq \emptyset]\}=\emptyset=N(e)$,那么,$\overline{sapr}_{S_1}(\widetilde{N}_{(U,A)})=\widetilde{N}_{(U,A)}$。

(3a) 由相对全软集的定义,对于任意属性$e \in A$,有$W(e)=U$。对于任意属性$e \in A$,有$W^{S_1}(e)=\{x \in U: \exists e' \in A_1[x \in f_1(e'), f_1(e') \bigcap W(e) \neq \emptyset]\}=U=W(e)$,那么,$\overline{sapr}_{S_1}(\widetilde{W}_{(U,A)})=\widetilde{W}_{(U,A)}$。

(3b) 由相对全软集的定义,对于任意属性$e \in A$,有$W(e)=U$。由于(f_1, A_1)是论域U上的一个全软集,对于任意$e \in A$,有$W_{S_1}(e)=\{x \in U: \exists e' \in A_1[x \in f_1(e') \subseteq W(e)]\}=\{x \in U: \exists e' \in A_1[x \in f_1(e') \subseteq U]\}=U=W(e)$,那么,$\underline{sapr}_{S_1}(\widetilde{W}_{(U,A)})=\widetilde{W}_{(U,A)}$。

命题 3.6.2 $S_1=(f_1, A_1)$是论域U上的一个全软集,(U, S_1)是一个软近似空间。$S=(f, A)$,$T=(g, A)$是论域U上的两个全软集。那么有

(1) $S \subseteq T \Rightarrow \underline{sapr}_{S_1}(S) \subseteq \underline{sapr}_{S_1}(T)$;

(2) $S \subseteq T \Rightarrow \overline{sapr}_{S_1}(S) \subseteq \overline{sapr}_{S_1}(T)$;

(3) $\underline{sapr}_{S_1}(S \bigcap T) \subseteq \underline{sapr}_{S_1}(S) \bigcap \underline{sapr}_{S_1}(T)$;

(4) $\underline{sapr}_{S_1}(S \bigcup T) \supseteq \underline{sapr}_{S_1}(S) \bigcup \underline{sapr}_{S_1}(T)$;

(5) $\overline{sapr}_{S_1}(S \bigcup T) \supseteq \overline{sapr}_{S_1}(S) \bigcup \overline{sapr}_{S_1}(T)$;

(6) $\overline{sapr}_{S_1}(S \bigcap T) \subseteq \overline{sapr}_{S_1}(S) \bigcap \overline{sapr}_{S_1}(T)$。

证明:将软集S在软空间(U, S_1)中的下软粗糙近似算子和上软粗糙近似

算子分别用 $\underline{sapr}_{S_1}(S)=(f_{S_1}, A)$ 和 $\overline{sapr}_{S_1}(S)=(f^{S_1}, A)$ 表示；将软集 T 在软空间 (U, S_1) 中的下软粗糙近似和上软粗糙近似分别用 $\underline{sapr}_{S_1}(T)=(g_{S_1}, A)$ 和 $\overline{sapr}_{S_1}(T)=(g^{S_1}, A)$ 表示。

(1) 如果 $S \subseteq T$，那么对于任意属性 $e \in A$，有 $f(e) \subseteq g(e)$。假设 $x \in f_{S_1}(e)=\{x \in U: \exists e' \in A_1[x \in f_1(e') \subseteq f(e)]\}$，由 $f(e) \subseteq g(e)$，可得 $x \in \{x \in U: \exists e' \in A_1[x \in f_1(e') \subseteq g(e)]\}=g_{S_1}(e)$。那么，对于任意 $e \in A$，可得 $f_{S_1}(e) \subseteq g_{S_1}(e)$，即 $\underline{sapr}_{S_1}(S) \subseteq \underline{sapr}_{S_1}(T)$。

(2) 如果 $S \subseteq T$，那么对于任意属性 $e \in A$，有 $f(e) \subseteq g(e)$。假设 $x \in f^{S_1}(e)=\{x \in U: \exists e' \in A_1[x \in f_1(e'), f_1(e') \cap f(e) \neq \emptyset]\}$，由 $f(e) \subseteq g(e)$ 可得 $\exists e' \in A_1$，使得 $x \in f_1(e'), f_1(e') \cap g(e) \neq \emptyset$，那么 $x \in g^{S_1}(e)=\{x \in U: \exists e' \in A_1[x \in f_1(e'), f_1(e') \cap g(e) \neq \emptyset]\}$，由此可知，对于任意属性 $e \in A$，有 $f^{S_1}(e) \subseteq g^{S_1}(e)$，即 $\overline{sapr}_{S_1}(S) \subseteq \overline{sapr}_{S_1}(T)$。

(3) 显然，$S \cap T \subseteq S$ 且 $S \cap T \subseteq T$。

由性质(1)，可得 $\underline{sapr}_{S_1}(S \cap T) \subseteq \underline{sapr}_{S_1}(S)$ 且 $\underline{sapr}_{S_1}(S \cap T) \subseteq \underline{sapr}_{S_1}(T)$。

那么，$\underline{sapr}_{S_1}(S \cap T) \subseteq \underline{sapr}_{S_1}(S) \cap \underline{sapr}_{S_1}(T)$。

(4) 显然，$S \cup T \supseteq S$ 且 $S \cup T \supseteq T$。

由性质(1)，可得 $\underline{sapr}_{S_1}(S \cup T) \supseteq \underline{sapr}_{S_1}(S)$ 且 $\underline{sapr}_{S_1}(S \cup T) \supseteq \underline{sapr}_{S_1}(T)$。

那么，$\underline{sapr}_{S_1}(S \cup T) \supseteq \underline{sapr}_{S_1}(S) \cup \underline{sapr}_{S_1}(T)$。

(5) 显然，$S \cup T \supseteq S$ 且 $S \cup T \supseteq T$。

由性质(2)，可得 $\overline{sapr}_{S_1}(S \cup T) \supseteq \overline{sapr}_{S_1}(S)$ 且 $\overline{sapr}_{S_1}(S \cup T) \supseteq \overline{sapr}_{S_1}(T)$。

那么，$\overline{sapr}_{S_1}(S \cup T) \supseteq \overline{sapr}_{S_1}(S) \cup \overline{sapr}_{S_1}(T)$。

(6) 显然，$S \cap T \subseteq S$ 且 $S \cap T \subseteq T$。

由性质(2)，可得 $\overline{sapr}_{S_1}(S \cap T) \subseteq \overline{sapr}_{S_1}(S)$ 且 $\overline{sapr}_{S_1}(S \cap T) \subseteq \overline{sapr}_{S_1}(T)$。

那么，$\overline{sapr_{S_1}}(S \cap T) \subseteq \overline{sapr_{S_1}}(S) \cap \overline{sapr_{S_1}}(T)$。

命题 3.6.3 $S_1 = (f_1, A_1)$ 是论域 U 上的一个全软集，(U, S_1) 是一个软近似空间。$S = (f, A)$ 是论域 U 上的一个软集。那么有

(1) $\underline{sapr_{S_1}}(S) \subseteq \underline{sapr_{S_1}}(\overline{sapr_{S_1}}(S))$；

(2) $\overline{sapr_{S_1}}(S) \supseteq \overline{sapr_{S_1}}(\underline{sapr_{S_1}}(S))$。

证明：由命题 3.6.1 中的性质(1)，显然 $\underline{sapr_{S_1}}(S) \subseteq S \subseteq \overline{sapr_{S_1}}(S)$。由命题 3.6.2 中的性质（1）和（2），可得 $\underline{sapr_{S_1}}(S) \subseteq \underline{sapr_{S_1}}(\overline{sapr_{S_1}}(S))$ 且 $\overline{sapr_{S_1}}(S) \supseteq \overline{sapr_{S_1}}(\underline{sapr_{S_1}}(S))$。

文献[70]中给出了一种基于 F-软粗糙集模型的群决策算法。然而，如果我们仔细分析它的决策过程，不难发现在该算法执行的过程中，将一个软集作为知识计算出了另一个软集的上下近似。也就是说，虽然软粗糙软集的概念尚未提出，文献[70]中的决策算法实际上是基于软粗糙软集来实现的。从另一个角度来看，能够用 F-软粗糙集模型[70]来解决的问题都可以用软粗糙软集模型进行解决，能够用软粗糙软集模型进行解决的问题却未必可以用 F-软粗糙集模型进行运算。

接下来，我们通过提出一种基于软粗糙软集的决策算法，对软粗糙软集模型在决策中的应用做出初步的探讨。为了引入该算法，我们首先描述了一种决策问题，并简要介绍了如何用软粗糙软集模型解决该问题：

假设 $G = \{T_1, T_2, \cdots, T_p\}$ 和 $A_1 = \{e_1', e_2', \cdots, e_q'\}$ 是两个专家团，这两个专家团将对候选者 $U = \{x_1, x_2, \cdots, x_m\}$ 进行评估。在专家团 G 中，每位专家被要求指出候选者们是否符合属性集合 $A = \{e_1, e_2, \cdots, e_n\}$ 中的属性。从而，专家团 G 中所有专家提供的评估结果形成了一系列软集：(g_1, A)，(g_2, A)，$\cdots$，(g_P, A)。继而，通过软集之间的交运算，整个专家团 G 的整体评估结果可以用一个软集进行表示，即 $S = (f, A) = (g_1, A) \cap (g_2, A) \cap (g_3, A) \cap \cdots \cap (g_P, A)$。同时，在另外一个专家团 $A_1 = \{e_1', e_2', \cdots, e_q'\}$ 中，由于专家们缺乏时间、经验，或者缺乏耐心，每位专家仅仅凭主观印象指出他们各自认为的最优选择，然而并不说明他们在决策过程中所看重的属性是哪些。A_1 中所有专家提供的最优选择构成了一个软集 $S_1 = (f_1, A_1)$。我们认为专家团

G 给出的评估结果更为可靠,因为他们所给出的评估更为具体。然而,为了能够更充分和综合地使用两个独立的专家团给出的评测结果,我们可以计算软集 (f, A) 在软近似空间 (U, S_1) 中的软粗糙近似。如果 $x_i \in f_{S_1}(e_j)$,由软粗糙软集的定义可知,由 A_1 中一个或多个专家所提供的最优选择完全地包含在 $f(e_j)$ 中,也就是说,这一个或多个专家所给出的最优选择中,所选择的对象一定是符合属性 e_j 的,这意味着该属性 e_j 不仅为专家团 G 所重视,也很有可能为专家团 A_1 所重视。最终我们需要选择出的,是符合最多个被两个专家团所共同重视的属性的候选者。

下面,我们引入一个基于软粗糙软集的多群体决策算法(见算法 1):

算法 1

[步骤 1] 输入专家群 $G = \{T_1, T_2, \cdots, T_p\}$ 提供的候选者 $U = \{x_1, x_2, \cdots, x_m\}$ 关于属性 $A = \{e_1, e_2, \cdots, e_n\}$ 的评估结果所构成的软集 (g_1, A),(g_2, A),(g_3, A),$\cdots$,(g_P, A);

[步骤 2] 输入专家团 A_1 提供的最优选择所构成的软集 $S_1 = (f_1, A_1)$;

[步骤 3] 计算专家团 G 的群评估结果 $S = (f, A) = (g_1, A) \cap (g_2, A) \cap (g_3, A) \cap \cdots \cap (g_P, A)$;

[步骤 4] 计算软集 (f, A) 在 (U, S_1) 中的下软粗糙近似 (f_{S_1}, A);

[步骤 5] 由 $s(x_j) = \sum_{i=1}^{n} f_{S_1}(e_i)(x_j)$ 计算每个候选者 $x_j (j = 1, 2, \cdots, m)$ 的得分,最终得到的决策结果是 x_k,满足条件 $s(x_k) = \max_{j=1, 2, \cdots, m} s(x_j)$。

【例 3-3】 假设一个工厂需要购买一台机器,可供它们选择的机器有 $U = \{x_1, x_2, \cdots, x_6\}$。会有两个专家团体 G 和 A_1 对候选机器进行评估,如此构成了一个多群体决策问题。专家团 $G = \{T_1, T_2, T_3, T_4\}$ 由 4 个专家组成,每位专家针对 U 中的机器关于属性 $A = \{e_1 = $ 价格低,$e_2 = $ 耐用性强,$e_3 = $ 技术先进,$e_4 = $ 兼容性好$\}$ 给出评估。G 中的专家给出的评估内容为,这些机器是否符合 A 中的属性。如此一来,四位专家的评估结果将形成四个软集 (g_1, A),(g_2, A),(g_3, A),(g_4, A)(见表 3-6 至表 3-9)。那么,群体的评估结果为 $(f, A) =$

$(g_1, A) \cap (g_2, A) \cap (g_3, A) \cap (g_4, A)$（见表 3-3）。同时，在专家团 $A_1 = \{e'_3, e'_4, e'_5, e'_6, e'_7\}$ 中的每个专家仅仅根据自己的主观意见，选出自己认为的最好的若干个机器。专家团 A_1 给出的选择结果形成一个软集 (f_1, A_1) 用属性 $e_3 - e_7$ 代替 $e'_3 - e'_7$，得到软集 (f_1, A_1)（见表 3-2）。软集 (f, A) 在软空间 (U, S_1) 中的下软粗近似可以由计算得到软集 (f_{S_1}, A)（见表 3-4）。由算法 1 容易得到，$s(x_1) = s(x_2) = s(x_3) = 2$，$s(x_4) = s(x_5) = 1$ 且 $s(x_6) = 3$，那么 x_6 是工厂应该购买的机器。

表 3-6 软集 (g_1, A)

	x_1	x_2	x_3	x_4	x_5	x_6
e_1	1	1	1	1	0	1
e_2	0	1	1	0	0	0
e_3	0	0	0	1	1	1
e_4	1	1	1	1	0	1

表 3-7 软集 (g_2, A)

	x_1	x_2	x_3	x_4	x_5	x_6
e_1	1	1	0	1	0	1
e_2	1	1	1	0	0	0
e_3	0	0	0	1	1	1
e_4	1	1	1	1	0	1

表 3-8 软集 (g_3, A)

	x_1	x_2	x_3	x_4	x_5	x_6
e_1	1	1	0	1	0	1
e_2	0	1	1	0	0	0
e_3	1	0	0	1	1	1
e_4	1	1	1	1	0	1

表 3-9　软集(g_4, A)

	x_1	x_2	x_3	x_4	x_5	x_6
e_1	1	1	0	1	0	1
e_2	0	1	1	0	0	0
e_3	0	0	1	1	1	1
e_4	1	1	1	1	0	1

3.7　本章小结

在本章中,我们研究了不同软粗糙软集模型之间的内在联系。表 3-10 总结了本章所提及、指出以及证明的不同模型之间的联系。

表 3-10　本章中不同模型关系的总结

软集扩展模型	关系
F-软粗糙近似算子和 MSR 近似算子	当一些特殊条件成立时, 有 $\overline{X}_\varphi \subseteq \overline{apr_P}(X)$, $apr_P(X) \subseteq \overline{X}_\varphi$, $\underline{X}_\varphi \subseteq \underline{apr_P}(X)$（见定理 3.2.1～3.2.4）
F-软粗糙集和 Pawlak 粗糙集	当作为知识的软集是一个划分软集时,在软粗糙近似空间 (U, S) 中的 F-软粗糙集,可以识别为 (U, R_S) 中的 Pawlak 粗糙集（见定理 3.3.1 和定理 3.3.2）
MSR 近似算子和 Pawlak's 粗糙近似算子	MSR 近似算子是一种 Pawlak 粗近似算子（见定理 3.3.3）
Z-下, Z-上粗糙近似算子和 Dubois-Prade 下, 上粗糙模糊近似算子[63]	Z-下和 Z-上粗糙近似算子和 Dubois-Prade 下, 上粗糙模糊近似算子等价（见推论 Ⅱ）
(经典)粗糙模糊集和 M-软粗糙模糊集	作为知识的软集 S 是一个划分软集时, Pawlak 近似空间 (U, R) 中的粗糙模糊集与软近似空间 (U, S) 中的 M-软粗糙模糊集等价（见定理 3.4.2）
Z-软粗糙近似算子、M-软粗糙近似算子以及 F-软粗糙近似算子	$\underline{sap}_P(\mu) \subseteq \underline{sap'}_P(\mu) \subseteq \underline{\mu}_\varphi \subseteq \mu \subseteq \overline{\mu}_\varphi \subseteq \overline{sap'}_P(\mu) \subseteq \overline{sap}_P(\mu)$（见定理 3.4.3 和推论 Ⅲ）

(续表)

软集扩展模型	关系
软粗糙模糊近似算子(定义 3.4.3)与 Dubois-Prade 粗糙模糊近似算子[63]	软粗糙模糊近似算子是一种 Dubois-Prade 粗糙模糊近似算子(见定理 3.4.4)
F-软粗糙集和软粗糙软集	软粗糙软集是 F-软粗糙集的扩展

值得注意的是,我们构造了一种新的模型——软粗糙软集模型。F-软粗糙集模型是将软集作为知识,计算论域中子集的上下近似;粗糙软集模型[70]是将等价关系作为知识,计算一个软集的上下近似;在软粗糙软集中,我们把一个软集作为知识,计算另一个软集的上下近似。因此,软粗糙软集既可以被看作是 F-软粗糙集的一种扩展模型,也可以被看作是粗糙软集的一种扩展模型。在本章节中,我们提供了一种基于软粗糙软集的决策算法。然而,仅仅一个算法远不能体现出软粗糙软集在决策问题中的应用潜力,更加灵活、适用性更广的决策算法有待被研究者们所探究。

第4章
基于模糊软集和粗糙软集的改进决策方法

本章首先梳理了基于扩展软集决策方法的研究动态,进而对于一些经典的、受到研究者们普遍认可的,基于扩展软集的决策方法做出改良,提高了算法的运算效率,提升了决策结果的可靠性。进一步地,本章将基于扩展软集提出一些新的决策方案。

4.1 基于扩展软集决策方法的研究动态

根据与软集模型相结合的模型的种类,软集的扩展模型可分为以下两大类:

(1) 通过将软集模型与模糊集模型(以及模糊集模型的扩展模型)相结合的方法所获得的混合软集模型[12][13][14][63][86][87]。

(2) 通过将软集模型与粗糙集模型(以及粗糙集模型的扩展模型)相结合的方法所获得的混合软集模型[9][10][16][70]。

模糊软集模型[12]和粗糙软集模型[70]分别是以上两类模型的两种代表混合模型。在文献[88]中,模糊软集模型和粗糙软集模型被指出是彼此紧密相关的。同时,所有的基于模糊软集或者粗糙软集的决策方法都有潜力被扩展,从而用于处理更复杂的混合模型背景下的决策问题。例如,Jiang 等[89]和 Zhang 等[90]通过扩展 Feng 等在文献[53]中所提出的基于模糊软集的决策方法,分别提出了一种基于直觉模糊软集的决策方法,以及一种基于区间值直觉模糊软集的决策方法。

基于模糊软集的决策方法研究已经得到了学者们的充分重视。通过引入

"比较表"(comparison table)和对象"得分"(score)的概念,Roy 和 Maji[50]提出了一种基于模糊软集的决策方法,称为"比较得分法"(在本章节中,为了将文献[50]中的方法与其他基于"得分"的决策方法相区别,我们称之为 Roy-Maji 方法)。文献[53]论述了该方法的合理性也指出了该方法的一些局限性。然而,目前为止并没有学者针对这种方法做出改良,使它摆脱自身的局限性。随着现代社会信息技术的飞速发展,信息的更新非常循序,伴随而来的是旧的数据的淘汰和新数据的补充。在本章节中,我们将通过引入一种叫作 D-得分表的数学工具,对 Roy-Maji 方法进行改良,改良后的方法在参数需要实时补充或者删除的决策情景中,能有效地避免重复运算,从而降低决策的时间成本。此外,在比较两个隶属函数值从而获得对象得分的过程中,通过引入比较阈值以及比较阈值模糊集的概念,我们将提出一种新的基于模糊软集的决策方法。通过选择不同的比较阈值模糊集,可以得到对象不同种类的得分,从而对于决策的结果做出调节,因此它是一种可调节的决策方法。该可调节决策方法可以成功地解决一些用 Roy-Maji 方法无法处理的决策问题。

关于基于粗糙软集模型的决策方法的研究,到目前为止还非常少。最近,Ma 等[91]提出了若干种基于粗糙软集模型的决策算法。然而,这些算法由于针对性很强,并不足以满足现实生活中复杂多样的决策需求。此外,关于粗糙软集模型在群决策问题中的应用研究还没有出现。在本章节中,我们将提出一种基于粗糙软集的群决策算法,并创新性地使用软集之间的相似性度量来决定群决策过程中专家的权重。

尽管近年来一些研究者对于基于模糊软集和粗糙软集的决策算法做出了系统的研究[91][92],但是这些研究的主要落脚点在于综述、总结,而不在于对现有方法进行改良[51][53]。因此,我们认为有必要在直面分析现有算法弊端的基础上,针对基于模糊软集和粗糙软集的决策算法的改良方法做出研究。本章节所提供的所有改良算法以及新算法,都可以很容易被扩展到更复杂的混合软集模型对应的决策情景中去。

对于基于模糊软集的决策算法,我们首先回顾一个研究者们尚未得出定论的争议:是"比较得分法"更合理,还是"模糊选择值法"更合理。针对该争议我们将提出自己的观点，继而提出一种比较得分法的改良方法。在得到比较得分法的改良方法的基础上，通过引入域址模糊集的概念，我们将提出一种新的基于模糊软集的可调节的决策算法。对于基于粗糙软集的决策算法，我们将讨论基于粗糙软集模型的决策算法的局限性，在此基础上提出两个新的决策算法和一个新的群决策算法。

4.2 基于模糊软集决策方法的改良方法

在基于模糊软集的决策方法方面，存在是"比较得分法"更合理，还是"模糊选择值法"更合理的争议。在本节中，我们将陈述自己的观点。继而，我们将对于比较得分法和模糊选择值法各自的局限性进行分析，并提出克服这些局限性的方法。值得注意的是，为了克服比较得分法的局限性，我们提出了一种改良方法——Roy-Maji 方法[50]。

4.2.1 基于模糊软集的决策方法的争议

Roy 和 Maji[50]提出了在模糊软集中对象的得分的概念，引入了比较表、得分表（score table）这些工具，并基于这些概念与工具提出了一种决策方法，本书称之为 Roy-Maji 方法（见算法 2）。

算法 2

[步骤 1] 输入模糊软集 (F, A)，(G, B) 和 (H, C)；

[步骤 2] 输入属性集 P；

[步骤 3] 由模糊软集 (F, A)，(G, B)，(H, C) 计算出合成模糊软集 (S, P)；

[步骤 4] 基于合成模糊软集 (S, P)，对于每个对象 o_i，计算出 r_i 和 t_i 的值；

[步骤 5] 对于每个对象 o_i，计算出它的得分 $s_i = r_i - t_i$；

[步骤 6] 如果对象 o_k 满足条件 $s_k = \max_i s_i$，那么 o_k 是决策结果（k 的值可以是 1 个或者若干个）。

模糊软集 (S, P) 是一个定义在论域 $U = \{o_1, o_2, \cdots, o_n\}$ 上的模糊软集，它所对应的比较表是一个行数与列数相同的表格。在比较表中，行和列均对应

于论域中的对象 $o_1, o_2, \cdots, o_n$。表格中的单元 c_{ij} 所表示的是:对象 o_i 的隶属函数值大于或等于对象 o_j 的隶属函数值的情况所对应的属性的个数。

显然,$0 \leqslant c_{ij} \leqslant m$,并且 $c_{ii} = m (\forall i, j)$($m$ 是属性的总数)。

对应于对象 o_i,用 r_i 来表示比较表中的横向加和,即

$$r_i = \sum_{j=1}^{n} c_{ij}. \tag{4-1}$$

对应于对象 o_i,用 t_j 来表示比较表中的纵向加和,即

$$t_j = \sum_{i=1}^{n} c_{ij}. \tag{4-2}$$

最终,对象 o_i 的得分 s_i 被定义为

$$s_i = r_i - t_i. \tag{4-3}$$

在使用算法 2 解决决策问题时,得分最高的对象被选择作为决策结果,因此该方法被称为"比较得分法"。

接下来,我们用一个例子来对算法 2 进行说明。

【例 4-1】[50] 假设 $U = \{o_1, o_2, \cdots, o_6\}$ 是由 6 个对象所组成的论域,(S, P) 是一个模糊软集(见表 4-1)。基于模糊软集 (S, P),我们可以计算得到比较表(见表 4-2),以及得分表(见表 4-3)。由表 4-3 可见,对象 o_5 的得分最高,$s_5 = 8$,因此它是最优决策。

表 4-1 模糊软集 (S, P)

	e_1	e_2	e_3	e_4	e_5	e_6	e_7	模糊选择值(c_i)
o_1	0.3	0.1	0.4	0.4	0.1	0.1	0.5	$c_1 = 1.9$
o_2	0.3	0.3	0.5	0.1	0.3	0.1	0.5	$c_1 = 2.1$
o_3	0.4	0.3	0.5	0.1	0.3	0.1	0.6	$c_1 = 2.3$
o_4	0.7	0.4	0.2	0.1	0.2	0.1	0.3	$c_1 = 2.0$
o_5	0.2	0.5	0.2	0.3	0.5	0.5	0.4	$c_1 = 2.6$
o_6	0.3	0.5	0.2	0.2	0.4	0.3	0.3	$c_1 = 2.2$

表 4-2　模糊软集 (S, P) 的比较表

	o_1	o_2	o_3	o_4	o_5	o_6
o_1	7	4	2	4	4	4
o_2	6	7	5	5	3	3
o_3	6	7	7	5	3	3
o_4	4	4	4	7	2	3
o_5	3	4	4	6	7	6
o_6	4	5	4	6	3	7

表 4-3　模糊软集 (S, P) 的得分表

	横向加和 (r_i)	纵向加和 (t_i)	得分 (s_i)
o_1	25	30	−5
o_2	29	31	−2
o_3	31	26	5
o_4	24	33	−9
o_5	30	22	8
o_6	29	26	3

由于使用比较得分法所得到的决策结果,与使用模糊选择值法所得到的决策结果并不总是相同的,Kong 等[51]认为比较得分法是不合理的。并且,Kong 等[51]通过改变算法 2 中的步骤 4,重新定义了 c_{ij} 和 r_i:

$$c_{ij} = \sum_{k=1}^{m}(f_{ik} - f_{jk}), \tag{4-4}$$

$$r_i = \sum_{j=1}^{m} c_{ij}, \tag{4-5}$$

其中, f_{ik} 表示对象 o_i 关于第 k 个属性的隶属函数值, m 表示属性的总数。如果对象 o_k 满足条件 $r_k = \max_i r_i$,那么它就是决策结果。

Feng 等[53]指出,Kong 等[51]所定义的 c_{ij} 可以等价于

第4章 基于模糊软集和粗糙软集的改进决策方法

$$c_{ij}=\sum_{k=1}^{m}f_{ik}-\sum_{k=1}^{m}f_{jk}=c_i-c_j, \tag{4-6}$$

其中 c_i 表示对象 o_i 关于所有属性的隶属函数值的和，即对象 o_i 的模糊选择值。也就是说，对应于最大模糊选择值的对象将被视为最优选择。因此，被 Kong 等[51]修改后的算法可以被称作为"模糊选择值法"。然而，Feng 等[53]认为，直接将对象关于不同属性的隶属函数值进行相加的方法并不合理，或者不完全合理，因为在一个模糊软集中，隶属函数值不再代表对象所符合的属性的个数，而是代表对象相对于属性的符合程度。例如，不能将一个物体符合属性"长"的程度与符合属性"热"的程度直接相加。Feng 等[53]认为比较得分法比模糊选择值法更为合理，并提供了一个用于佐证观点的例子（见文献[53]）。

事实上，脱离了决策背景，很难决定比较得分法和模糊选择值法哪一种更为合理，因为两种方法的决策依据，或者说决策方向是不同的。比较得分法用于选择在"量"上符合/占有属性最多的对象，而模糊选择值法用于选择在"质"上符合/占有属性最多的对象。这两种方法有各自适用的决策环境，同时，也各自存在一些局限性。

（1）模糊选择值法的主要局限性正如文献[53]中所指出的那样，是对象关于不同属性的隶属函数值的直接相加在很多情景下未必合理。为了克服这个局限性，我们建议根据具体的决策情境选择使用以下两种方法：

• 方法 1：当对象关于不同属性的隶属函数值直接相加不合理时，可以考虑用其他的综合测度来计算对象的模糊选择值。例如，可以根据相关专家的经验，对不同属性设置不同的权重，通过加权平均算子聚合对象关于不同属性的隶属函数值。

• 方法 2：在一些情景下，可能存在难以对于不同属性设定不同的权重值的情况。此时，建议使用 Feng 等在文献[53]中所提出的可调节决策方法，通过引入阈值将模糊软集转化为软集，从而将该问题转化为一个基于软集的决策问题，继而利用基于软集的选择值方法作出决策。通过设定不同的阈值，并使用不同的决策规则，得出的决策结果也会是不同的。此时，如何选择合适的阈值成为影响决策结果的最重要的一个因素。

(2) 比较得分法(算法2)主要有以下两个缺陷。为了克服这两个缺陷,本书将提供一些新的决策算法。

• 缺陷1:在决策过程中,当已经考虑到的属性难以覆盖对象的主要特征时,或者随着决策情景的变化,有新的特征需要被纳入考虑时,模糊软集中属性的个数就需要相应地增加;与之相反,如果一些属性对于决策结果并不会造成影响(是冗余属性),或者随着事态的变化不再被决策者所重视,那么模糊软集中属性的个数就需要相应地减少。然而,根据算法2中的计算原理,当新增或删除一些属性时,比较表中的每一个元素都需要被重新计算,从而基于新的比较表计算出决策结果。这一系列的冗余运算,将直接增大决策的时间成本。

• 缺陷2[53]:存在一些决策问题,无法使用算法2获得决策结果。

【例 4-2】 [53]假设 (F_1, E_1) 是一个模糊软集(见表4-4),运用算法2,我们需要选择出得分最高的对象作为决策结果。然而,由算法2可以计算得到每一个对象的比较得分都是相同的(即 $s_1 = s_2 = s_3 = s_4 = 0$)。同时,如果此时运用Kong 等[51]的模糊选择值法,计算得到每一个对象的模糊选择值也是相同的(即 $c_1 = c_2 = c_3 = c_4 = 2.0$)。也就是说,基于模糊软集 (F_1, E_1),无论是使用比较得分法还是模糊选择值法,都无法获得决策结果。

表 4-4 模糊软集 (F_1, E_1)

	e_1	e_2	e_3	e_4	模糊选择值(c_i)	得分(s_i)
o_1	0.92	0.88	0.08	0.12	$c_1 = 2.0$	$s_1 = 0$
o_2	0.82	0.60	0.18	0.40	$c_2 = 2.0$	$s_2 = 0$
o_3	0.24	0.46	0.83	0.47	$c_3 = 2.0$	$s_3 = 0$
o_4	0.12	0.40	0.96	0.52	$c_4 = 2.0$	$s_4 = 0$

4.2.2 比较得分法的改良方法

本节中,我们将通过引入一种新的工具——模糊软集的 D-得分表,提出一种与算法2等价的决策方法。该方法可以成功地克服算法2的一些缺陷。

首先,我们将引入对象的 D-得分的概念:

定义 4.2.1 假设 $U = \{o_1, o_2, \cdots, o_n\}$ 是由 n 个对象所组成的论域,$A =$

$\{e_1, e_2, \cdots, e_m\}$ 是一个参数集合。定义对象 o_i 关于参数 e_l 的 D-得分为

$$S(o_i)(e_l) = R(o_i)(e_l) - T(o_i)(e_l), \tag{4-7}$$

其中，$R(o_i)(e_l) = |\{o_j \in U | \mu_{F(e_l)}(o_i) \geqslant \mu_{F(e_l)}(o_j)\}|$，$T(o_i)(e_l) = |\{o_j \in U | \mu_{F(e_l)}(o_j) \geqslant \mu_{F(e_l)}(o_i)\}|$。

定义对象 o_i 的 D-得分为

$$S_i = \sum_{l=1}^{m} S(o_i)(e_l). \tag{4-8}$$

D-得分表的横向标题为属性 $e_1, e_2, \cdots, e_m$，纵向标题为对象 $o_1, o_2, \cdots, o_n$。在 D-得分表中对应于属性 e_l 和对象 o_i 的元素为 $S(o_i)(e_l)$。

基于模糊软集的 D-得分表，可以获得算法 2 的一种等价算法（见算法 3）：

算法 3

[步骤 1] 输入一个模糊软集 (F, A)；

[步骤 2] 构建 (F, A) 的 D-得分表，并计算每个对象 o_i 的 D-得分 S_i；

[步骤 3] 如果对象 o_j 满足条件 $S_j = \max_i S_i$，那么 o_j 就是决策结果（决策结果中可以包含 1 个或者若干个对象）。

定理 4.2.1 假设 (F, A) 是论域 U 上的一个模糊软集。对于对象 $o_i \in U$，由算法 2 计算出它的得分 s_i，由算法 3 计算出它的 D-得分 S_i，那么 $s_i = S_i$。

证明：由 $\sum_{i=1}^{n} c_{ij} = \sum_{l=1}^{m} R(o_i)(e_l)$，$\sum_{i=1}^{n} c_{ji} = \sum_{l=1}^{m} T(o_i)(e_l)$，容易得到 $s_i = r_i - t_i = \sum_{i=1}^{n} c_{ij} - \sum_{j=1}^{n} c_{ji} = \sum_{l=1}^{m} R(o_i)(e_l) - \sum_{l=1}^{m} T(o_i)(e_l) = \sum_{l=1}^{m} (R(o_i)(e_l) - T(o_i)(e_l)) = \sum_{l=1}^{m} S(o_i)(e_l) = S_i$。

【例 4-3】 重新考虑[例 4-1]中的模糊软集 (S, P)，表 4-5 是 (S, P) 对应的得分表。容易看出，每个对象 $o_i \in \{o_1, o_2, \cdots, o_6\}$ 的得分 s_i（见表 4-3）与 D-得分 S_i（见表 4-5）都是相同的。

表 4-5　(S, P) 的 D-得分表

	e_1	e_2	e_3	e_4	e_5	e_6	e_7	D-Score(S_i)
o_1	-1	-5	1	5	-5	-2	2	$S_1 = -5$
o_2	-1	-2	4	-3	0	-2	2	$S_2 = -2$
o_3	3	-2	4	-3	0	-2	5	$S_3 = 5$
o_4	5	1	-3	-3	-3	-2	-4	$S_4 = -9$
o_5	-5	4	-3	3	5	5	-1	$S_5 = 8$
o_6	-1	4	-3	1	3	3	-4	$S_6 = 3$

根据定理 4.2.1，我们得到对于任意对象 $o_i \in U$，由算法 3 所获得的 D-得分 S_i 与由算法 2 所获得的得分 s_i 是相同的，这意味着由算法 3 所获得的决策结果与由算法 2 所获得的决策结果是相同的，因此算法 2 与算法 3 是等价的。由于对象的"得分"和"D-得分"总是等价的，在接下来的讨论中我们将不再对两者进行区分。

假设 (F, E_1) 是一个模糊软集，由于某种原因一个新的属性集 $E_2 = \{e'_1, e'_2, \cdots, e'_r\}$ 需要被加入初始的属性集 E_1。如果我们使用算法 2 来计算对象的得分，则不得不对比较表中的每一个元素重新进行计算，从而得到针对新的模糊软集 $(H, E_1 \bigcup E_2)$ 的一个新的比较表。如果我们使用算法 3 来计算对象的得分，在加入新的属性以后，我们只需要考虑对象针对新的属性集所形成的模糊软集，即 (G, E_2)。通过构建 (G, E_2) 的 D-得分表，计算出对象在新的 D-得分表中所对应的得分，将新的得分与对象在旧 D-得分表中的得分相加，即可获取每个对象的最终得分。那么，只有模糊软集 (G, E_2) 的 D-得分表中的元素需要被重新计算。尽管两种算法的结果是相同的，算法 3 的时间损耗明显低于算法 2，因为它有效地避免了重复运算。

接下来，我们将通过一个例子来具体说明算法 3 是如何避免重复运算的：

【例 4-4】　假设 (S, P) 是论域 U 上的一个模糊软集（见表 4-1）。假设一些新的属性 $P' = \{e'_1, e'_2, e'_3\}$ 需要被考虑加入原属性集 P，新属性集对应的模糊软集可以被表示为 (G, P')（见表 4-6）。如果我们运用算法 3，则只需要计算模糊软集 (G, P') 的 D-得分表。对于一个对象 o_i，它在模糊软集 $(H, P \bigcup P')$ 中

的 D-得分是它在 (S, P) 中的 D-得分和它在 (G, P') 中的 D-得分的加和,即 $S_i + S'_i$。由 (S, P) 的 D-得分表和 (G, P') 的 D-得分表,很容易可以得到模糊软集 $(H, P \bigcup P')$ 的 D-得分表(见表4-7)。对比而言,如果我们使用算法2,则首先需要重新计算比较表中的所有元素,从而构建模糊软集 $(H, P \bigcup P')$ 所对应的新的比较表(见表4-8)。

表4-6 新增属性集所对应的模糊软集 (G, P')

	e'_1	e'_2	e'_3
o_1	0.3	0.3	0.4
o_2	0.4	0.7	0.5
o_3	0.4	0.3	0.6
o_4	0.5	0.2	0.7
o_5	0.6	0.1	0.8
o_6	0.3	0.5	0.2

表4-7 模糊软集 $(H, P \bigcup P')$ 的 D-得分表

	S_i	e'_1	e'_2	e'_3	S'_i	$S_i + S'_i$
o_1	-5	-4	0	-3	-7	-12
o_2	-2	0	5	-1	4	2
o_3	5	0	0	1	1	6
o_4	-9	3	-3	3	3	-6
o_5	8	5	-5	5	5	13
o_6	3	-4	3	-5	-6	-3

表4-8 模糊软集 $(H, P \bigcup P')$ 的比较表

	o_1	o_2	o_3	o_4	o_5	o_6
o_1	10	4	3	5	5	6
o_2	9	10	7	6	4	6
o_3	9	9	10	6	4	5
o_4	6	6	6	10	3	5
o_5	5	6	6	8	10	8
o_6	6	5	5	7	4	10

接下来，我们通过一个例子，对算法 3 减少时间损耗的效果进行说明：

【例 4-5】 假设我们将基于一个含 n 个对象 m 个属性所构成的模糊软集来做决策。实验环境是在 C＋＋中进行编码，以一台 PC Intel Core i-5, 4Gb RAM, Windows 7 的笔记本电脑作为操作系统。该试验将被划分为两个阶段进行。在第一阶段，对象的个数 n 保持 200 不变时，属性的个数 m 由低到高，在数值 50, 100, 150, 200, 250, 300, 350, 400, 450 中进行变化。我们将统计每种情况下，依据基于模糊软集的两种不同的决策算法（算法 2 和算法 3）得出决策结果所需要的运行时间（见表 4-9）。在第二阶段，在以上的 9 种不同的原始数据集基础上，分别有 10 个新的参数以及对应的数据将被加入原始的数据集。我们将统计加入这 10 个参数后，结合第一阶段所得到的决策结果，得出新的决策结果所需要的运行时间（见表 4-10）。由表 4-9, 我们很容易可以观测到，当初始模糊软集相同时，由算法 2 和算法 3 计算决策结果所需要的运行时间十分相似。然而，由表 4-10 我们可以观测到，在第二个阶段，当 10 个新的参数需要被纳入考虑时，结合第一阶段的决策结果得出新的决策结果所需要的运行时间是有显著区别。如果使用的是算法 2，那么时间损耗随着总的参数集中参数数目的增长而逐渐增长。如果使用的是算法 3，那么不论原始的模糊软集中参数的数量

表 4-9 第一阶段的时间损耗

m	50	100	150	200	250	300	350	400	450
$A2$[①](s)	0.020	0.040	0.060	0.081	0.100	0.120	0.140	0.160	0.180
$A3$(s)	0.020	0.040	0.060	0.081	0.101	0.121	0.143	0.164	0.184

表 4-10 第二阶段的时间损耗

m	60	110	160	210	260	310	360	410	460
$A2$(s)	0.024	0.044	0.064	0.084	0.104	0.124	0.145	0.164	0.184
$A3$(s)	0.004	0.004	0.004	0.004	0.004	0.004	0.004	0.004	0.004

---

① 在表 4-9 和表 4-10 中，算法 2 和算法 3 分别用 $A2$ 和 $A3$ 表示。时间损耗的计量单位为秒。

第4章 基于模糊软集和粗糙软集的改进决策方法

是多少,只要增加的参数数目相同,在第二阶段所需的运行时间都是相同的。这个例子充分说明,当有新参数以及相应数据集需要被考虑/加入时,使用算法 3 可以有效降低时间损耗,节约决策时间。

引理 I 假设 $x_1, x_2, x_3, \cdots, x_n$ 和 $y_1, y_2, \cdots, y_n$ 是两个有序数列。如果对于 $\forall i, j \in \{1, 2, 3, \cdots, n\}$,有 $x_i \leqslant x_j \Leftrightarrow y_i \leqslant y_j$,这两个数列被称为同序数列,表示为 $q(x_1, x_2, x_3, \cdots, x_n) = q(y_1, y_2, \cdots, y_n)$。

定理 4.2.2 假设 (F, A) 和 (F', A) 是论域 U 上的两个模糊软集。o_i 是论域 U 中的一个对象。在模糊软集 (F, A) 中,对象 o_i 相对于属性 e_l 的隶属函数值标记为 $F(o_i)(e_l)$。在模糊软集 (F, A) 所对应的 D-得分表中,对应于对象 o_i 和属性 e_l 的元素标记为 $S(o_i)(e_l)$,对象 o_i 的 D-得分为 $S_i = \sum_{l=1}^{m} S(o_i)(e_l)$。在模糊软集 (F', A) 中,o_i 对应于属性 e_l 的隶属函数值标记为 $F'(o_i)(e_l)$。在模糊软集 (F', A) 所对应的 D-得分表中,对应于对象 o_i 和属性 e_l 的元素标记为 $S'(o_i)(e_l)$,对象 o_i 的 D-得分为 $S'_i = \sum_{l=1}^{m} S'(o_i)(e_l)$。假设对于任意参数 $e_l \in A$,有 $q(F(o_1)(e_l), F(o_2)(e_l), \cdots, F(o_n)(e_l)) = q(F'(o_1)(e_l), F'(o_2)(e_l), \cdots, F'(o_n)(e_l))$,那么得到 $S_i = S'_i$。

用算法 2 或者算法 3 处理一个决策问题,当某一对象 a 针对于一个属性的隶属函数值大于另一个对象 b 针对于该属性的隶属函数值时,无论隶属函数值之间的差异有多大,都认为对象 a 相较于对象 b 更符合这个属性。那么,对应于任意一个属性,只要所有对象相对于这个属性的隶属函数值之间的大小顺序不发生变化,所有对象相对于这个属性的 D-得分就是固定的。也就是说,如果对应于所有属性的隶属函数值之间的顺序都不发生变化,那么每个对象的 D-得分都是相同的,由此得到的决策结果也是相同的。

【例 4-6】 假设 (F, A) 是一个模糊软集(见表 4-11)。当对象 o_1 相对于属性 e_2 的隶属函数值在区间 $[0, 0.6)$ 内变化,对象 o_4 相对于属性 e_3 的隶属函数值在区间 $(0.8, 1]$ 内变化时,所有对象针对于任意一个属性的隶属函数值的顺序都是相同的。此时,每个对象的 D-得分都是固定的,即 $S_1 = -6, S_2 = 0, S_3 = 2, S_4 = 4$。由算法 3 得到的决策结果为对象 o_4。

表 4-11 模糊软集 (F, A)

	e_1	e_2	e_3	e_4	D-得分 (S_i)
o_1	0.8	h_{12}	0.1	0.1	$S_1 = -6$
o_2	0.5	0.7	0.5	0.3	$S_2 = 0$
o_3	0.3	0.6	0.8	0.9	$S_3 = 2$
o_4	0.2	0.9	h_{43}	0.8	$S_4 = 4$

4.2.3 基于模糊软集的可调节的决策方法

在本节中,我们通过在两个对象相对于同一参数的隶属函数值的比较过程中引入比较阈值的概念,提出基于模糊软集的一种新的决策方法。两个对象相对于同一属性的隶属函数值进行比较,当且仅当两个隶属函数值的差异不小于比较阈值时,我们才认为其中一个对象相对于另一个对象更符合这个属性。通过设定不同的比较阈值,可以获取不同的决策结果,因此该方法被认为是可调节的。由于我们仍将沿用文献[50]中对象的"得分"这一概念,所提出的可调节决策方法可以视为算法 2 的一种改良。我们将举例说明该可调节决策方法成功地克服了算法 2 的缺陷 2。

接下来,通过引入"t-level D-得分"的概念,以及一种新的工具——"t-level D-得分表",我们将提出一种基于模糊软集的可调节的决策算法(见算法 4)。

定义 4.2.2 $U = \{o_1, o_2, \cdots, o_n\}$ 是由 n 个对象所组成的论域,E 是一个属性集。假设 (F, A) 是论域 U 上的一个模糊软集,其中 $A = \{e_1, e_2, \cdots, e_m\} \subseteq E$。$t \in [0, 1]$,对象 o_i 关于属性 e_l 的 t-level D-得分被定义为

$$S(o_i)(e_l)_t = R(o_i)(e_l)_t - T(o_i)(e_l)_t, \quad (4-9)$$

其中,$R(o_i)(e_l)_t = |o_j \in U \setminus \{o_i\} : \mu_{F(e_l)}(o_i) - \mu_{F(e_l)}(o_j) \geq t|$,$T(o_i)(e_l)_t = |o_j \in U \setminus \{o_i\} : \mu_{F(e_l)}(o_j) - \mu_{F(e_l)}(o_i) \geq t|$。

对象 o_i 的 t-level D-得分被定义为

$$S_i^t = \sum_{l=1}^{m} S(o_i)(e_l)_t. \quad (4-10)$$

模糊软集的 t-level D-得分表的横向标题为属性 $e_1, e_2, \cdots, e_m$,纵向标题为对象 $o_1, o_2, \cdots, o_n$。在 t-level D-得分表中对应于属性 e_l 和对象 o_i 的元素标记为 $S(o_i)(e_l)_t$。模糊软集的 t-level D-得分表可以被视为 D-得分表的扩展,其中 $t \in [0,1]$ 是将两个隶属函数值进行比较时所设定的比较阈值。在解决实际决策问题的过程中,可以根据决策者的需求选择阈值 t。

在 t-level D-得分表的定义中,关于每一条属性的比较阈值都是相同的一个常数 $t \in [0,1]$。然而,在一些决策环境下,决策者很可能希望对于不同的属性设置不同的比较阈值。针对这种情况,我们可以考虑用一个比较阈值模糊集代替常数 $t \in [0,1]$。

接下来,我们引入 λ-level D-得分的概念,以及一种新的工具 —— λ-level D-得分表。

定义 4.2.3 $U = \{o_1, o_2, \cdots, o_n\}$ 是由 n 个对象所组成的论域,E 是一个属性集。假设 (F, A) 是论域 U 上的一个模糊软集,其中 $A = \{e_1, e_2, \cdots, e_m\} \subseteq E$。假设 $\lambda: A \rightarrow [0,1]$ 是定义在属性集 A 上的一个模糊集,被称为一个比较阈值模糊集。对象 o_i 关于属性 e_l 的 λ-level D-得分被定义为

$$S(o_i)(e_l)_\lambda = R(o_i)(e_l)_\lambda - T(o_i)(e_l)_\lambda, \tag{4-11}$$

其中,$R(o_i)(e_l)_\lambda = |o_j \in U \setminus \{o_i\} : \mu_{F(e_l)}(o_i) - \mu_{F(e_l)}(o_j) \geqslant \lambda(e_l)|$,$T(o_i)(e_l)_\lambda = |o_j \in U \setminus \{o_i\} : \mu_{F(e_l)}(o_j) - \mu_{F(e_l)}(o_i) \geqslant \lambda(e_l)|$。

进一步地,对象 o_i 的 λ-level D-得分被定义为

$$S_i^\lambda = \sum_{l=1}^m S(o_i)(e_l)_\lambda. \tag{4-12}$$

λ-level D-得分表的横向标题为属性 $e_1, e_2, \cdots, e_m$,纵向标题为对象 $o_1, o_2, \cdots, o_n$。在 λ-level D-得分表中对应于属性 e_l 和对象 o_i 的元素标记为 $S(o_i)(e_l)_\lambda$。当模糊集 λ 是一个常数模糊集 $\hat{t}$(即 $\hat{t}(e) = t, \forall e \in A$)时,容易得到 $S(o_i)(e_l)_{\hat{t}} = S(o_i)(e_l)_t$,此时 λ-level D-得分表将退化为一个 t-level D-得分表。也就是说,λ-level D-得分表可以被视为 t-level D-得分表的扩展。

接下来,我们将定义一系列比较阈值模糊集,以备决策者参考使用。

【例 4-7】 (mid-level-比较阈值模糊集) $U=\{o_1, o_2, \cdots, o_n\}$ 是由 n 个对象所组成的论域，E 是一个属性集。假设 (F, A) 是论域 U 上的一个模糊软集，其中 $A=\{e_1, e_2, \cdots, e_m\} \subseteq E$。定义一个模糊集 $\lambda_F^{\text{mid}}: A \to [0, 1]$，使得对于 $\forall e_l \in A, \lambda_F^{\text{mid}}(e_l) = \frac{1}{|U|}(\vee_{o_i \in U} \mu_{F(e_l)}(o_i) - \wedge_{o_i \in U} \mu_{F(e_l)}(o_i))$，模糊集 λ_F^{mid} 被称为模糊软集 (F, A) 的 mid-level-比较阈值模糊集。对应于 mid-level-比较阈值模糊集的得分表被称为 mid-level D-得分表。我们把采用 mid-level-比较阈值模糊集，构造 mid-level D-得分表，从而进行决策的决策规则称为 mid-level-比较决策规则。

举一个简单的例子，我们重新考虑表 4-4 所示的模糊软集 (F_1, E_1)。很容易可以得到，(F_1, E_1) 的 mid-level-比较阈值模糊集为 $\lambda_{F_1}^{\text{mid}} = \{(e_1, 0.20), (e_2, 0.12), (e_3, 0.22), (e_4, 0.10)\}$。

【例 4-8】 (min-level-比较阈值模糊集) $U=\{o_1, o_2, \cdots, o_n\}$ 是由 n 个对象所组成的论域，E 是一个属性集。假设 (F, A) 是论域 U 上的一个模糊软集，其中 $A=\{e_1, e_2, \cdots, e_m\} \subseteq E$。定义一个模糊集 $\lambda_F^{\min}: A \to [0, 1]$，使得对于 $\forall e_l \in A, \lambda_F^{\min}(e_l) = \wedge_{\{o_i, o_j \in U\}} |\mu_{F(e_l)}(o_i) - \mu_{F(e_l)}(o_j)|$，模糊集 $\lambda_F^{\min}$ 被称为模糊软集 (F, A) 的 min-level-比较阈值模糊集。对应于 min-level-比较阈值模糊集的得分表被称为 min-level D-得分表。我们把采用 min-level-比较阈值模糊集，构造 min-level D-得分表，从而进行决策的决策规则称为 min-level-比较决策规则。

举一个简单的例子，我们仍然考虑表 4-4 所示的模糊软集 (F_1, E_1)。(F_1, E_1) 的 min-level-比较阈值模糊集为

$$\lambda_{F_1}^{\min} = \{(e_1, 0.10), (e_2, 0.06), (e_3, 0.10), (e_4, 0.05)\},$$

它是由以下算式计算得到的：

$$\lambda_{F_1}^{\min}(e_1) = |\mu_{F_1(e_1)}(o_1) - \mu_{F_1(e_1)}(o_2)| = 0.10,$$

$$\lambda_{F_1}^{\min}(e_2) = |\mu_{F_1(e_2)}(o_3) - \mu_{F_1(e_2)}(o_4)| = 0.06,$$

$$\lambda_{F_1}^{\min}(e_3) = |\mu_{F_1(e_3)}(o_1) - \mu_{F_1(e_3)}(o_2)| = 0.10,$$

$$\lambda_{F_1}^{\min}(e_4) = |\mu_{F_1(e_4)}(o_3) - \mu_{F_1(e_4)}(o_4)| = 0.05.$$

第 4 章　基于模糊软集和粗糙软集的改进决策方法

【例 4-9】（max-level- 比较阈值模糊集）$U=\{o_1, o_2, \cdots, o_n\}$ 是由 n 个对象所组成的论域，E 是一个属性集。假设 (F, A) 是论域 U 上的一个模糊软集，其中 $A=\{e_1, e_2, \cdots, e_m\} \subseteq E$。定义一个模糊集 $\lambda_F^{\max}: A \to [0, 1]$，使得对于 $\forall e_l \in A$，$\lambda_F^{\max}(e_l) = \bigvee_{\{o_i, o_j \in U\}} (\mu_{F(e_l)}(o_i) - \mu_{F(e_l)}(o_j))$，模糊集 $\lambda_F^{\max}$ 被称为模糊软集 (F, A) 的 max-level- 比较阈值模糊集。对应于 max-level- 比较阈值模糊集的得分表被称为 max-level D- 得分表。我们把采用 max-level- 比较阈值模糊集，构造 max-level D- 得分表，从而进行决策的决策规则称为 max-level- 比较决策规则。

举一个简单的例子，我们仍然考虑表 4-4 所示的模糊软集 (F_1, E_1)。(F_1, E_1) 的 max-level- 比较阈值模糊集为

$$\lambda_{F_1}^{\max} = \{(e_1, 0.80), (e_2, 0.48), (e_3, 0.88), (e_4, 0.40)\},$$

它是由以下算式计算得到的：

$$\lambda_{F_1}^{\max}(e_1) = \mu_{F_1(e_1)}(o_1) - \mu_{F_1(e_1)}(o_4) = 0.80,$$

$$\lambda_{F_1}^{\max}(e_2) = \mu_{F_1(e_2)}(o_1) - \mu_{F_1(e_2)}(o_4) = 0.48,$$

$$\lambda_{F_1}^{\max}(e_3) = \mu_{F_1(e_3)}(o_4) - \mu_{F_1(e_3)}(o_1) = 0.88,$$

$$\lambda_{F_1}^{\max}(e_4) = \mu_{F_1(e_4)}(o_4) - \mu_{F_1(e_4)}(o_1) = 0.40.$$

基于模糊软集 (F, A)，对象 o_i 的 λ_F^{mid}-level D- 得分，$\lambda_F^{\min}$-level D- 得分和 $\lambda_{F_1}^{\max}$-level D- 得分分别用 S_i^{mid}，$S_i^{\min}$ 和 $S_i^{\max}$ 表示。基于不同的 level D- 得分的概念和相应的决策规则，我们提出了一种新的决策算法（见算法 4）：

算法 4

[步骤 1]　输入模糊软集 (F, A)。

[步骤 2]　输入一个比较阈值模糊集 $\lambda: A \to [0, 1]$（或者选择一个常数 $t \in [0, 1]$ 作为比较阈值；或者选用 mid-level- 比较决策规则；或者选用 min-level- 比较决策规则；或者选用 max-level- 比较决策规则）。

[步骤 3]　构造模糊软集 (F, A) 的 λ-level D- 得分表，计算出每个对象 o_i 的 λ-level D- 得分，即 S_i^λ，$\forall i$［或者构造模糊软集 (F, A) 的 t-level D- 得分表，计算出每个对象

o_i 的 t-level D-得分,即 S_i^t, $\forall i$;或者构造模糊软集 (F, A) 的 mid-level D-得分表,计算出每个对象 o_i 的 mid-level D-得分,即 S_i^{mid}, $\forall i$;或者构造模糊软集 (F, A) 的 min-level D-得分表,计算出每个对象 o_i 的 min-level D-得分,即 S_i^{min}, $\forall i$;或者构造模糊软集 (F, A) 的 max-level D-得分表,计算出每个对象 o_i 的 max-level D-得分,即 S_i^{max}, $\forall i$]。

[步骤 4] 如果对象 o_j 满足条件 $S_j^\lambda = \max_i S_i^\lambda$,那么 o_j 属于用 $D((F, A), \lambda)$ 表示的最优决策[或:如果对象 o_j 满足条件 $S_j^t = \max_i S_i^t$,那么 o_j 属于用 $D((F, A), t)$ 表示的最优决策;如果对象 o_j 满足条件 $S_j^{\mathrm{mid}} = \max_i S_i^{\mathrm{mid}}$,那么 o_j 属于用 $D((F, A), \lambda_F^{\mathrm{mid}})$ 表示的最优决策;如果对象 o_j 满足条件 $S_j^{\mathrm{min}} = \max_i S_i^{\mathrm{min}}$,那么 o_j 属于用 $D((F, A), \lambda_F^{\mathrm{min}})$ 表示的最优决策;如果对象 o_j 满足条件 $S_j^{\mathrm{max}} = \max_i S_i^{\mathrm{max}}$,那么 o_j 属于用 $D((F, A), \lambda_F^{\mathrm{max}})$ 表示的最优决策]。

[步骤 5] 如果有若干个对象 o_j 均满足条件,那么这些对象均属于最优决策。如果最优决策中对象的个数太多,转到步骤 2 调整比较阈值。

在算法中,通过引入比较阈值,我们不仅能够从量的角度比较两个对象关于属性的符合/占有情况,而且能够从质的角度比较两个对象关于属性的符合/占有情况。从而,一些不能用算法 2 解决的决策问题可以由算法 4 解决。换句话来说,算法 4 可以有效克服算法 2 的缺陷 2。我们用一个例子进行说明:

【例 4-10】 考虑[例 4-2]中的模糊软集 (F_1, E_1),构建 (F_1, E_1) 的 0.15-level D-得分表(见表 4-12),得到对象的 0.15-level D-得分:$S_1^{0.15}=0$, $S_2^{0.15}=1$, $S_3^{0.15}=0$, $S_4^{0.15}=-1$。那么,当选择常数 $t=0.15$ 作为比较阈值时,由算法 4 可以得出的最优决策会是对象 o_2。

表 4-12 模糊软集 (F_1, E_1) 的 0.15-level D-得分表

	e_1	e_2	e_3	e_4	$S_i^{0.15}$
o_1	2	3	-2	-3	$S_1^{0.15} = 0$
o_2	2	0	-2	1	$S_2^{0.15} = 1$
o_3	-2	-1	2	1	$S_3^{0.15} = 0$
o_4	-2	-2	2	1	$S_4^{0.15} = -1$

构造模糊软集 (F_1, E_1) 的 mid-level D-得分表(见表 4-13),由此得到每个

对象的 mid-level D-得分：$S_1^{\text{mid}}=0$，$S_2^{\text{mid}}=1$，$S_3^{\text{mid}}=-1$，$S_4^{\text{mid}}=0$。也就是说，如果我们选用 mid-level-比较决策规则，由算法 4 所得到的最优决策也是对象 o_2。那么，用算法 2 得不到决策结果的决策问题可以由算法 4 得到决策结果。

表 4-13 模糊软集 (F_1, E_1) 的 mid-level D-得分表

	e_1	e_2	e_3	e_4	S_i^{mid}
o_1	2	3	-2	-3	$S_1^{\text{mid}}=0$
o_2	2	1	-2	0	$S_2^{\text{mid}}=1$
o_3	-2	-2	2	1	$S_3^{\text{mid}}=-1$
o_4	-2	-2	2	2	$S_4^{\text{mid}}=0$

定理 4.2.3 假设一个决策问题可以由算法 4 基于模糊软集 (F, A) 进行解决。$D((F, A), \lambda)$ 是选用一个比较阈值模糊集 λ 后，由算法 4 所得出的最优决策。如果对于 $\forall e_l \in A$，有 $\lambda(e_l) > \lambda_F^{\max}(e_l)$，那么 $D((F, A), \lambda) = U$。

Feng 在文献[53]中提出了加权模糊软集的概念。接下来，我们将引入加权 D-得分、加权 t-level D-得分和基于域值模糊集 λ 的加权 λ-level D-得分的概念，并研究这些概念在基于加权模糊软集的决策问题中的应用。

定义 4.2.4 [53] U 是由对象所构成的论域，E 是用于描述 U 中对象的特征的属性集，且 $A \subseteq E$。在一个加权模糊软集 $T=\{F, A, w\}$ 中，(F, A) 是论域 U 上的一个模糊集，$w: A \to [0, 1]$ 是一个权重函数。对于任意一个属性 $e_l \in A$，权重函数 $w: A \to [0, 1]$ 为它指定了一个权重值 $w_l = w(e_l)$。

定义 4.2.5 U 是由对象所构成的论域，E 是用于描述 U 中对象的特征的属性集，$A = \{e_1, e_2, \cdots, e_m\} \subseteq E$。假设 $T = \{F, A, w\}$ 是一个加权模糊软集，其中 (F, A) 是论域 U 上的一个模糊软集，$w: A \to [0, 1]$ 是一个权重向量。对象 $o_i \in U$ 的加权 D-得分被定义为

$$\widetilde{S}_i = \sum_{l=1}^{m} w_l \times S(o_i)(e_l), \tag{4-13}$$

其中，$S(o_i)(e_l)$ 是由公式(4-7)计算得到的对象 o_i 相对于属性 e_l 的 D-得分。

定义 4.2.6 U 是由对象所构成的论域，E 是用于描述 U 中对象的特征的

属性集，$A=\{e_1, e_2, \cdots, e_m\} \subseteq E$。假设 $T=\{F, A, w\}$ 是一个加权模糊软集，其中 (F, A) 是论域 U 上的一个模糊软集，$w: A \to [0, 1]$ 是一个权重向量。设定一个域值 $t \in [0, 1]$，对象 $o_i \in U$ 的加权 t-level D-得分被定义为

$$\widetilde{S}_i^t = \sum_{l=1}^{m} \widetilde{S}(o_i)(e_l)_t, \tag{4-14}$$

其中，$\widetilde{S}(o_i)(e_l)_t = w_l \times S(o_i)(e_l)_t$，$S(o_i)(e_l)_t$ 是由公式(4-9)计算得到的对象 o_i 相对于属性 e_l 的 t-level D-得分。

定义 4.2.7 U 是由对象所构成的论域，E 是用于描述 U 中对象的特征的属性集，且 $A=\{e_1, e_2, \cdots, e_m\} \subseteq E$。假设 $T=\{F, A, w\}$ 是一个加权模糊软集，其中 (F, A) 是论域 U 上的一个模糊软集，$w: A \to [0, 1]$ 是一个权重向量。设定一个定义在属性集 A 上的比较阈值模糊集 $\lambda: A \to [0, 1]$，对象 $o_i \in U$ 的加权 λ-level D-得分被定义为

$$\widetilde{S}_i^\lambda = \sum_{l=1}^{m} \widetilde{S}(o_i)(e_l)_\lambda, \tag{4-15}$$

其中，$\widetilde{S}(o_i)(e_l)_\lambda = w_l \times S(o_i)(e_l)_\lambda$，$S(o_i)(e_l)_\lambda$ 是由公式(4-11)计算得到的对象 o_i 相对于属性 e_l 的 λ-level D-得分。

对于每个对象 $o_i \in U$，由公式(4-10)计算出的它的 t-level D-得分可以被视为在所有属性的权重一致时，o_i 的加权 t-level D-得分；类似地，由公式(4-12)计算出的它的 λ-level D-得分可以被视为在所有属性的权重一致时，o_i 的加权 λ-level D-得分。

基于域值模糊集 λ 的加权 level D-得分表(简称加权 λ-level D-得分表)的横向标题为属性 $e_1, e_2, \cdots, e_m$，纵向标题为对象 $o_1, o_2, \cdots, o_n$，在加权 λ-level D-得分表中，对应于属性 e_l 和对象 o_i 的元素被标记为 $\widetilde{S}(o_i)(e_l)_\lambda (\widetilde{S}(o_i)(e_l)_t)$。对应于 mid-level-比较阈值模糊集、min-level-比较阈值模糊集和 max-level-比较阈值模糊集的加权 level D-得分表分别被称作加权 mid-level D-得分表、加权 min-level D-得分表和加权 max-level D-得分表。此外，基于加权模糊软集 (F, A, w)，对象 o_i 对应于域值模糊集的加权 level D-得分分别被称作加权 mid-level D-得分($\widetilde{S}_i^{\text{mid}}$)、加权 min-level D-得分($\widetilde{S}_i^{\text{min}}$) 和

第4章 基于模糊软集和粗糙软集的改进决策方法

加权 max-level D-得分($\widetilde{S}_i^{\max}$)。

用 $\hat{0}$ 表示在属性集 A 上的一个常数模糊集：对于 $\forall e_l \in A$,有 $\hat{0}(e_l)=0$。那么可以得到 $\widetilde{S}_i^{\hat{0}} = \sum_{l=1}^{m} \widetilde{S}(o_i)(e_l)_{\hat{0}} = \sum_{l=1}^{m} w_l \times S(o_i)(e_l)_{\hat{0}} = \sum_{l=1}^{m} w_l \times S(o_i)(e_l)$,此时对象 $o_i \in U$ 的加权 level D-得分退化为加权 D-得分。

基于加权模糊软集,我们引入一种决策算法5。相比较于算法4,算法5的优势是可以用于处理属性权重不同时的决策情况。针对一个加权模糊软集,通过构造其加权 level D-得分表,计算对象的加权 level D-得分,从而可以获取决策结果。由于 λ_F^{mid},$\lambda_F^{\min}$ 和 $\lambda_F^{\max}$ 都属于特殊的比较阈值模糊集,在接下来的算法描述中,我们不再将它们作为独立情况进行说明。

算法5

[步骤1] 输入一个加权模糊软集 (F, A, w)。

[步骤2] 输入一个比较阈值模糊集 $\lambda: A \to [0, 1]$(或者输入一个比较阈值常数 $t \in [0, 1]$)。

[步骤3] 基于一个域值模糊集 λ,构造加权模糊软集 (F, A, w) 的加权 λ-level D-得分表。对于每一个对象 $o_i \in U$,计算它的加权 λ-level D-得分(或者基于一个域值常数 t 构造加权 t-level D-得分表。对于每一个对象 $o_i \in U$,计算它的加权 t-level D-得分)。

[步骤4] 如果对象 o_j 满足条件 $\widetilde{S}_j^\lambda = \max_i \widetilde{S}_i^\lambda$,那么它是最优决策(或者如果对象 o_j 满足条件 $\widetilde{S}_j^t = \max_i \widetilde{S}_i^t$,那么它是最优决策)。

[步骤5] 最优决策可以是1个对象或者若干个对象。如果作为最优决策的对象的个数太多,则转到步骤2对比较阈值进行调节。

【例 4-11】 假设有四个求职者应聘同一公司的一个职位,四个应聘者作为对象所构成的值域为 $U=\{o_1, o_2, o_3, o_4\}$,用于评估这些求职者的属性为 $E_1=\{e_1, e_2, e_3, e_4\}$,且决策者为这些属性设定了一个权重函数 $w: E_1 \to [0, 1]$。属性代表的含义以及各自由权重函数所确定的权重为："e_1=职业技能"($w_1=0.8$),"e_2=工作经验"($w_2=0.4$),"e_3=学历情况"($w_3=0.5$),"e_4=形象"($w_4=0.3$)。假设对于求职者的初始评估构成一个模糊软集 (F_1, E_1)(见[例 4-2]),运用权重函数可以将该模糊软集转化为一个加权模糊软集(F_1, E_1, w)（见表 4-14）。

表 4-14 加权模糊软集(F_1, E_1, w)

	$e_1, w_1 = 0.8$	$e_2, w_2 = 0.4$	$e_3, w_3 = 0.5$	$e_4, w_4 = 0.3$
o_1	0.92	0.88	0.08	0.12
o_2	0.82	0.60	0.18	0.40
o_3	0.24	0.46	0.83	0.47
o_4	0.12	0.40	0.96	0.52

决策者通过选择不同的比较阈值，可以得出不同的决策结果，因此算法 5 也是可调节的决策算法。在本例中，如果我们使用 mid-level 域值模糊集，可以获得加权模糊软集(F_1, E_1, w)的加权 mid-level D-得分表（见表 4-15），最优决策为对象 o_2。

表 4-15 (F_1, E_1, w) 的加权 mid-level D-得分表以及对象的加权 mid-level D-得分

	$e_1, w_1 = 0.8$	$e_2, w_2 = 0.4$	$e_3, w_3 = 0.5$	$e_4, w_4 = 0.3$	$\widetilde{S}_i^{\text{mid}}$
o_1	1.6	1.2	-1	-0.9	$\widetilde{S}_1^{\text{mid}} = 0.9$
o_2	1.6	0.4	-1	0	$\widetilde{S}_2^{\text{mid}} = 1.0$
o_3	-1.6	-0.8	1	0.3	$\widetilde{S}_3^{\text{mid}} = -1.1$
o_4	-1.6	-0.8	1	0.6	$\widetilde{S}_4^{\text{mid}} = -0.8$

4.3 基于粗糙软集决策方法的改良方法

在本节中，我们首先讨论了现有的基于粗糙软集的决策方法的局限性，继而提出了新的决策方法来克服这些局限性。

4.3.1 基于粗糙软集的决策方法的局限性

现有的基于粗糙软集的决策方法主要存在两个局限性：

• 局限性 1：基于粗糙软集的决策方法的数量少，不足以满足复杂多样的决策需求；到目前为止，以粗糙软集作为工具解决决策问题的研究还比较少，且没

有得到研究者的广泛重视。Ma 等在文献[91]中提出了两种决策方法,用于解决材料挑选问题。这两种方法的其中一种是用于挑选最紧凑的材料,另一种是用于挑选最具有代表性的材料。然而,这两种方法都缺少普适性,只能用于解决特定的决策问题。

• 局限性 2:运用粗糙软集解决群决策问题的方法暂时没有出现。

粗糙集和软集的结合模型在群决策问题的解决方面展示了广阔的应用前景。然而,当基于软粗糙集[73]或 MSR-集[21]解决决策问题时,现有的方法都要求每位决策者在群决策实施之前提供最优选择。也就是说,在群决策过程实施之前,要求每位决策者先根据自身意向做出个人决策。这个要求是非常苛刻的。在实际的决策情景中,由于缺乏时间,缺乏所需知识,或者仅仅缺乏信心,决策者可能更倾向于提供对于每个具体对象关于每条具体属性的评估,而不是直接给出决策结果。然而,如果决策者不能在群决策实施之前提供个人的决策结果,那么现有的基于粗糙集和软集的结合模型的群决策方法就都不能使用。此外,我们发现虽然基于粗糙软集模型的群决策方法已经得到研究者们的重视,但暂时没有决策者选择研究采用软粗糙集模型来解决群决策问题。由此引发了两个疑问:①能否仅仅应用决策者针对对象相对于属性提供的评估进行群决策?②能否尝试运用粗糙软集模型解决群决策问题?

为了在一定程度上克服局限性 1,我们将提出两个新的决策方法。为了克服局限性 2,我们将提出一种基于粗糙软集的群决策方法。在该群决策方法的应用过程中,决策者不需要在群决策实施之前提供个人的决策结果,只需要提供针对所有对象相对于不同属性的评估。

4.3.2 基于粗糙软集的决策方法

在本节中我们将提出两种基于粗糙软集的决策方法。值得注意的是,在这两种决策方法中,我们将选择出 1 个属性(或者若干个属性)作为最优决策结果。

U 是由对象所构成的论域,E 是用于描述论域 U 中对象的特征的属性集,且 $A = \{e_1, e_2, \cdots, e_m\} \subseteq E$。$S = (F, A)$ 是论域 U 上的一个软集。(U, R) 是

一个 Pawlak 近似空间,其中 R 是论域 U 上的一个等价关系。对于 $X \subseteq U$,用 $|X|$ 表示 X 中对象的个数,用 $|X|_R$ 表示 X 中包含的等价类的个数(其中,等价类由等价关系 R 所确定)。

下面,我们提出一个基于粗糙软集的决策方法(见算法 6)。

算法 6

[步骤 1] 输入 Pawlak 近似空间 (U, R) 和一个定义在论域 U 上的软集 $S = (F, A)$。

[步骤 2] 计算出软集 S 的下近似 $\underline{apr}_R(S)$ 和上近似 $\overline{apr}_R(S)$。

[步骤 3] 选择一个域值 t,满足条件 $t \in \left[0, \dfrac{|\underline{F}_R(e_1) \cup \underline{F}_R(e_2) \cup \cdots \cup \underline{F}_R(e_m)|_R}{|U|_R}\right]$。

[步骤 4] 对于任意属性 $e_i \in A$,计算出 $\overline{F}_R(e_i)$。如果存在一个属性 $e_i \in A$,使得 $\overline{F}_R(e_i) = U$,转到步骤 5;否则,转到步骤 6。

[步骤 5] 计算 $\dfrac{|\underline{F}_R(e_k)|_R}{|U|_R} = \max\limits_{\{e_i : \overline{F}_R(e_i) = U\}} \dfrac{|\underline{F}_R(e_i)|_R}{|U|_R}$。

如果 $\dfrac{|\underline{F}_R(e_k)|_R}{|U|_R} \geq t$,那么 $\{e_k\}$ 是最优决策;否则,转到步骤 6。

[步骤 6] 对于任意两个属性 $e_i, e_j \in A$,计算 $\overline{F}_R(e_i) \cup \overline{F}_R(e_j)$。如果存在两个属性 $e_i, e_j \in A$,使得 $\overline{F}_R(e_i) \cup \overline{F}_R(e_j) = U$,转到步骤 7;否则,转到步骤 8。

[步骤 7] 计算 $\dfrac{|\underline{F}_R(e_k) \cup \underline{F}_R(e_l)|_R}{|U|_R} = \max\limits_{\{e_i, e_j \in A : \overline{F}_R(e_i) \cup \overline{F}_R(e_j) = U\}} \dfrac{|\underline{F}_R(e_i) \cup \underline{F}_R(e_j)|_R}{|U|_R}$。

如果 $\dfrac{|\underline{F}_R(e_k) \cup \underline{F}_R(e_l)|_R}{|U|_R} \geq t$,那么 $\{e_k, e_l\}$ 是最优决策集;否则,转到步骤 8。

[步骤 8] 如果存在 $q(q<m)$ 个属性 $e'_{i_1}, e'_{i_2}, \cdots, e'_{i_q} \in A$,满足条件 $\overline{F}_R(e'_{i_1}) \cup \overline{F}_R(e'_{i_2}) \cup \cdots \cup \overline{F}_R(e'_{i_q}) = U$,则计算

$$\dfrac{|\underline{F}_R(e'_{i_1}) \cup \underline{F}_R(e'_{i_2}) \cup \cdots \cup \underline{F}_R(e'_{i_q})|_R}{|U|_R}$$

$$= \max\{e'_{i_1}, e'_{i_2}, \cdots, e'_{i_q} \in A : \overline{F}_R(e'_{i_1}) \cup \overline{F}_R(e'_{i_2}) \cup \cdots \cup \overline{F}_R(e'_{i_q}) = U\}$$

$$\dfrac{|\underline{F}_R(e'_{i_1}) \cup \underline{F}_R(e'_{i_2}) \cup \cdots \cup \underline{F}_R(e'_{i_q})|_R}{|U|_R},$$ 其中 $e_{i_1}, e_{i_2}, \cdots, e_{i_q} \in A$,如果

$$\dfrac{|\underline{F}_R(e_{i_1}) \cup \underline{F}_R(e_{i_2}) \cup \cdots \cup \underline{F}_R(e_{i_q})|_R}{|U|_R} \geq t,$$ 那么 $\{e_{i_1}, e_{i_2}, \cdots, e_{i_q}\}$ 是

最优决策集(值得注意的是,最优决策集可能不止一个)。

如果这样的 $q(q<m)$ 个属性不存在,则尝试 $q+1$ 个属性,$q+2$ 个属性,…,$q+(m-q)$ 个属性,直到我们得到最优属性集。

算法 6 的决策原则是选出一些属性,使得这些属性的上近似包含所有对象,同时这些属性的下近似包含论域 U 中比较多的对象类。这种选择机制将会适用于很多的决策环境,适用于解决很多决策问题。我们通过一个例子进行说明:

【例 4-12】 假设一个公司为了完成一项业务需要临时选择一个工作组。为了挑选合适的工作组成员,该公司对所有可供选择的员工进行了职业评估。假设在评估中考虑到的职业技能有 8 项(分别用 $o_1, o_2, \cdots, o_8$ 表示),共有 5 名员工可供选择 $A=\{e_1, e_2, e_3, e_4, e_5\}$。每个员工具有的职业技能情况可以列举如下:$F(e_1)=\{o_1, o_4\}$,$F(e_2)=\{o_1, o_2, o_6\}$,$F(e_3)=\{o_3, o_4, o_5\}$,$F(e_4)=\{o_3, o_4, o_5, o_6\}$,$F(e_5)=\{o_3, o_5, o_8\}$。此外,这些技能并不是相互独立的,它们之间具有一定的相关性:$(o_1, o_2) \in R$,$(o_3, o_4) \in R$,$(o_5, o_6) \in R$,$(o_7, o_8) \in R$(R 表示技能之间的等价关系)。如此一来,对于每类技能,我们可以做出以下两种假设:

(1) 如果一个员工非常擅长一种技能,我们认为他/她将有能力很快地掌握同类的其他技能;

(2) 如果一个员工擅长某一种类技能中的每一项,我们有理由认为他/她在这类技能方面属于专家。

计算出软集 S 的下近似 $\underline{apr}_R(S)$ 和上近似 $\overline{apr}_R(S)$,并分别用表 4-16 和表 4-17 表示。

表 4-16 软集 $\underline{apr}_R(S)$

	o_1	o_2	o_3	o_4	o_5	o_6	e_7	o_8
e_1	0	0	0	0	0	0	0	0
e_2	1	1	0	0	0	0	0	0
e_3	0	0	1	1	0	0	0	0
e_4	0	0	1	1	1	1	0	0
e_5	0	0	0	0	0	0	0	0

表 4-17　软集 $\overline{apr_R}(S)$

	o_1	o_2	o_3	o_4	o_5	o_6	e_7	o_8
e_1	1	1	1	1	0	0	0	0
e_2	1	1	0	0	1	1	0	0
e_3	0	0	1	1	1	1	0	0
e_4	0	0	1	1	1	1	0	0
e_5	0	0	1	1	1	1	1	1

由于 $\dfrac{|\overline{F_R}(e_1) \bigcup \overline{F_R}(e_2) \bigcup \cdots \bigcup \overline{F_R}(e_5)|_R}{|U|_R} = \dfrac{3}{4}$，在本例中我们设定 $t = \dfrac{1}{2} \in \left[0, \dfrac{3}{4}\right]$，计算过程如下：

(1) 对于 1 个属性的情况：$e_i \in A$，显然 $\overline{F}(e_i) \neq U$。转至 2 个属性的情况。

(2) 对于 2 个属性的情况：$\overline{F_R}(e_1) \bigcup \overline{F_R}(e_5) = U$，$\overline{F_R}(e_2) \bigcup \overline{F_R}(e_5) = U$，容易得到 $\dfrac{|\underline{F_R}(e_1) \bigcup \underline{F_R}(e_5)|_R}{|U|_R} = 0$，$\dfrac{|\underline{F_R}(e_2) \bigcup \underline{F_R}(e_5)|_R}{|U|_R} = \dfrac{1}{4}$。由于 $\max\left\{0, \dfrac{1}{4}\right\} < \dfrac{1}{2}$，转至 3 个属性的情况。

(3) 对于 3 个属性的情况：

$\overline{F_R}(e_1) \bigcup \overline{F_R}(e_5) \bigcup \overline{F_R}(e_2) = U$，

$\dfrac{|\underline{F_R}(e_1) \bigcup \underline{F_R}(e_5) \bigcup \underline{F_R}(e_2)|_R}{|U|_R} = \dfrac{|\{o_1, o_2\}|_R}{|U|_R} = \dfrac{1}{4}$；

$\overline{F_R}(e_1) \bigcup \overline{F_R}(e_5) \bigcup \overline{F_R}(e_3) = U$，

$\dfrac{|\underline{F_R}(e_1) \bigcup \underline{F_R}(e_5) \bigcup \underline{F_R}(e_3)|_R}{|U|_R} = \dfrac{|\{o_3, o_4\}|_R}{|U|_R} = \dfrac{1}{4}$；

$\overline{F_R}(e_1) \bigcup \overline{F_R}(e_5) \bigcup \overline{F_R}(e_4) = U$，

$\dfrac{|\underline{F_R}(e_1) \bigcup \underline{F_R}(e_5) \bigcup \underline{F_R}(e_4)|_R}{|U|_R} = \dfrac{|\{o_3, o_4, o_5, o_6\}|_R}{|U|_R} = \dfrac{1}{2}$；

$\overline{F_R}(e_2) \bigcup \overline{F_R}(e_5) \bigcup \overline{F_R}(e_3) = U$，

第4章 基于模糊软集和粗糙软集的改进决策方法

$$\frac{|\underline{F_R}(e_2) \cup \underline{F_R}(e_5) \cup \underline{F_R}(e_3)|_R}{|U|_R} = \frac{|\{o_1, o_2, o_3, o_4\}|_R}{|U|_R} = \frac{1}{2};$$

$$\overline{F_R}(e_2) \cup \overline{F_R}(e_5) \cup \overline{F_R}(e_4) = U,$$

$$\frac{|\underline{F_R}(e_2) \cup \underline{F_R}(e_5) \cup \underline{F_R}(e_4)|_R}{|U|_R} = \frac{|\{o_1, o_2, o_3, o_4, o_5, o_6\}|_R}{|U|_R} = \frac{3}{4}.$$

这里,$\dfrac{|\underline{F_R}(e_2) \cup \underline{F_R}(e_5) \cup \underline{F_R}(e_4)|_R}{|U|_R} = \max\left\{\dfrac{1}{4}, \dfrac{1}{4}, \dfrac{1}{2}, \dfrac{1}{2}, \dfrac{3}{4}\right\} = \dfrac{3}{4} > \dfrac{1}{2} = t$,由此可得$\{e_2, e_4, e_5\}$是最优决策。

在这个问题中,通过应用算法6,选出的决策结果$\{e_2, e_4, e_5\}$满足如下一些条件:

(1) 如果存在一种技能A,该技能不被决策结果中的任何员工所掌握,那么一定有该技能的同类技能被决策结果中的某员工所掌握。这样一来,由于该员工可以很快掌握技能A,那么,选择结果作为一个团体将可以在短时间内掌握全部技能。这有效避免了技能盲区的出现。

(2) 如果存在最少两类技能,选择结果中包含专家。专家的存在将有效提高团队的工作效率。

(3) 在保证条件(1)和条件(2)的前提下,选择结果中员工的数量将会是最少的。这将有利于节省人力资源成本。

(4) 在保证条件(1)至条件(3)的前提下,存在专家的技能类的数目将会是最多的。这一点保证了选择结果中存在掌握不同类型技能的专家。

接下来,我们提出另一种基于粗糙软集的决策方法(见算法7):

算法7

[步骤1] 输入Pawlak近似空间(U, R)和论域U上的一个软集$S = (F, A)$。

[步骤2] 计算软集S的上粗软近似,即$\overline{apr}_R(S)$。

[步骤3] 如果属性e_j满足条件$|\overline{F_R}(e_j)| = \vee_{i \in \{1, 2, \cdots, m\}} |\overline{F_R}(e_i)|$,那么属性$e_j$属于最优决策集。

[步骤4] 最优决策集中的属性可以是1个或者若干个。

我们提供一个例子对算法 7 进行说明：

【例 4-13】 重新考虑［例 4-12］中的决策问题，容易得到 $|\overline{F}_R(e_4)| = \vee_{i \in \{1,2,\cdots,5\}} |\overline{F}_R(e_i)|$（见表 4-16）。那么根据算法 7，属性 e_4 是最优决策。最优决策中的候选者有潜力能够在较短的时间内掌握最多的职业技能。

注：通过算法 6 和算法 7，我们提供了两种用粗糙软集解决决策问题的办法。在这两种算法中，我们使用了不同的选择机制。不同的选择机制适用于不同的决策环境，也就是说，使用不同选择机制的决策方法可以用于解决不同类型的决策问题，从而可以满足多样的决策需求。

4.3.3 基于粗糙软集的群决策方法

基于软粗糙集模型[70]和 MSR-集模型，Feng[93] 和 Zhan 等[11] 提出了两种不同的群决策方法，然而，这两种方法均要求决策者在群决策过程之前给出最优决策结果。在这里，我们将基于粗糙软集提出一种新的群决策方法。该方法的优势是，决策者只需要对于候选者在不同方面的表现情况进行评估，不需要在群决策之前以个人为单位做出决策。

假设有 p 个专家组成了一个专家群体 $G = \{T_1, T_2, \cdots, T_p\}$，该群体将对集合 $A = \{e_1, e_2, \cdots, e_m\}$ 中的候选者进行评估。对于每个候选者，每位专家将提供该候选者针对于集合 $U = \{o_1, o_2, \cdots, o_n\}$ 中的技能进行评估，专家们分别被要求评估该候选者是否擅长于这些技能。通过这种方式，每一位专家对于所有候选者相关于所有技能擅长情况的结果就形成了一个软集。在这里，专家只需要对于候选者（属性）关于不同方向（对象）的符合程度进行评估。假设在技能集 $U = \{o_1, o_2, \cdots, o_n\}$ 中，所有的技能并不是毫不相关的，在技能集中存在着一些等价关系。运用这些等价关系，我们可以计算出软集的上、下粗糙近似。对于每位专家给出的评估结果所形成的软集，它的上粗糙近似代表着该专家"较低信心程度"的评估结果，它的下粗糙近似代表着该专家"较高信心程度"的评估结果。

每位专家 $T_q(q \in \{1, 2, \cdots, p\})$ 所提供的评估结果形成了论域 U 上的一个软集 $T_q = (F_{T_q}, A)$，其中 $F_{T_q}: A \to P(U)$。通过计算软集 T_q 的粗糙近似，

第4章 基于模糊软集和粗糙软集的改进决策方法

我们可以获得其余两个相应的软集,分别是 $\overline{apr_R}(T_q) = (\overline{F_{T_qR}}, A)$ 和 $\underline{apr_R}(T_q) = (\underline{F_{T_qR}}, A)$,其中 $\overline{F_{T_qR}}: A \to P(U)$,$\underline{F_{T_qR}}: A \to P(U)$。

我们使用一个权重向量 $W' = (\eta_1, \eta_2, \cdots, \eta_p)$,其中 $\eta_1 + \eta_2 + \cdots + \eta_p = 1$。权重 $\eta_q(q=1, 2, \cdots, p)$ 代表专家 $T_q(q=1, 2, \cdots, p)$ 的评估意见在决策过程中的重要性。该权重可以由以下公式计算得到:

$$\eta_q = \frac{S(\overline{apr_R}(T_q), \underline{apr_R}(T_q))}{\sum_{t=1}^{p} S(\overline{apr_R}(T_t), \underline{apr_R}(T_t))}, \tag{4-16}$$

其中,S 是一个软集之间的相似性度量(可供选择使用的相似性度量是多种多样的),$S(\overline{apr_R}(T_q), \underline{apr_R}(T_q))$ 代表的是软集 $\overline{apr_R}(T_q) = (\overline{F_{T_qR}}, A)$ 和 $\underline{apr_R}(T_q) = (\underline{F_{T_qR}}, A)$ 之间的相似性。

权重向量 $W' = (\eta_1, \eta_2, \cdots, \eta_p)$ 表示的是不同专家在群决策过程中的不同重要性。计算专家权重的方法可以是多样的。在附加信息充分的情况下,这些权重甚至可以被直接设定。在附加信息量不足等原因导致权重不能够被直接设定的情况下,我们创新性地使用软集之间的相似性度量,来计算在一个群决策问题中不同专家的权重。正如上文中所指出的那样,一个专家给出的评估意见可以形成一个软集。该软集的上、下粗糙近似分别对应着该专家不同程度信心的评估结果。我们认为,上粗糙近似对应的软集和下粗糙近似对应的软集越相似,那么该专家的评估结果越可靠、越稳定,该专家在群决策过程中的权重就应该越大。

整个专家群体针对候选者的评估结果可以用一个模糊集进行表示:

$$\mu_{T'}: A \to [0, 1], e_i \mapsto \mu_{T'}(e_i) = \left(\frac{1}{n}\right) \sum_{q \in \{1, 2, \cdots, p\}} \eta_q \times |F_{T_q}(e_i)|,$$

其中,$i = 1, 2, \cdots, n$。

类似地,我们可以获得另外两个定义在论域 U 上的模糊集 $\mu_{\underline{T'}}$ 和 $\mu_{\overline{T'}}$:

$$\mu_{\underline{T'}}: A \to [0, 1], e_i \mapsto \mu_{\underline{T'}}(e_i) = \left(\frac{1}{n}\right) \sum_{q \in \{1, 2, \cdots, p\}} \eta_q \times |\underline{F_{T_qR}}(e_i)|,$$

$$\mu_{\overline{T'}}: A \to [0, 1], e_i \mapsto \mu_{\overline{T'}}(e_i) = \left(\frac{1}{n}\right) \sum_{q \in \{1, 2, \cdots, p\}} \eta_q \times |\overline{F_{T_qR}}(e_i)|,$$

其中，$i=1,2,\cdots,n$。

继而，以专家对评估结果的不同信心程度作为属性集，把以上的 3 个模糊集所表示的信息聚合起来，我们可以构建一个模糊软集。令属性集 $C=\{L,M,H\}$，其中 L，M 和 H 分别表示不同的信心程度。那么可以定义一个论域 U 上的模糊软集 $F=(G,C)$，其中函数 $G:C\rightarrow F(U)$ 对应于 $G(L)=\mu_{\overline{T}}$，$G(M)=\mu_{T'}$，$G(H)=\mu_{\underline{T}}$。

接下来，我们设定另一个权重向量 $W=(w_L,w_M,w_H)$，其中 $w_L+w_M+w_H=1$。定义候选者 $e_k\in A$ 的加权评估值 $v(e_k)$ 如下：

$$v(e_k)=(w_L)\times G(L)(e_k)+(w_M)\times G(M)(e_k)+$$
$$(w_H)\times G(H)(e_k). \tag{4-17}$$

最终，所选择出的最优决策结果是加权评估值最大的属性，即满足条件 $v(e_j)=\max(v(e_k))$ $(k=1,2,\cdots,m)$ 的候选者 e_j。

我们将以上所描述的基于粗糙软集的群决策方法总结如下（见算法 8）：

算法 8

[步骤 1] 输入 Pawlak 近似空间 (U,R) 和论域 U 上的软集 $T_1=(F_{T_1},A)$，$T_2=(F_{T_2},A)$，$\cdots$，$T_p=(F_{T_p},A)$。

[步骤 2] 对于 $\forall q\in\{1,2,\cdots,p\}$，分别计算出软集 T_p 的上粗糙近似和下粗糙近似，即 $\overline{apr}_R(T_q)=(\overline{F_{T_qR}},A)$ 和 $\underline{apr}_R(T_q)=(\underline{F_{T_qR}},A)$。

[步骤 3] 用公式(4-16)计算出专家的权置向量 $W'=(\eta_1,\eta_2,\cdots,\eta_p)$。

[步骤 4] 运用专家的权重向量，计算出对应的 3 个模糊集 $\mu_{\overline{T}}$，$\mu_{T'}$ 和 $\mu_{\underline{T}}$。

[步骤 5] 用模糊集 $\mu_{\overline{T}}$，$\mu_{T'}$ 和 $\mu_{\underline{T}}$ 构造模糊集 $F=(G,C)$。

[步骤 6] 如果候选者 e_j 满足条件 $v(e_j)=\vee_{k\in\{1,2,\cdots,m\}}v(e_k)$，那么 e_j 就是最优决策。

【例 4-14】 假设一个专家群体 $G=\{T_1,T_2,T_3,T_4\}$ 由 4 位专家组成，我们的目标是从候选人所构成的属性集 $A=\{e_1,e_2,\cdots,e_5\}$ 中选择出最优者作为决策结果。每位专家都被要求考虑对象集 $U=\{o_1,o_2,\cdots,o_n\}$ 中的职业技能，对所有候选人提供一个评估结果，评估结果的形式为候选人在某些职业技能方面擅长（记为 1）或者不擅长（记为 0）。集合 $U=\{o_1,o_2,\cdots,o_n\}$ 中存在一种等价关系 R，使得职业技能可以被划分为三类：$(o_1,o_2)\in R$，$(o_3,o_4)\in R$，

$(o_5, o_6, o_7) \in R$。由专家 $T_q(q=1,2,3,4)$ 所提供的评价结果将构成论域 U 上的一个软集 $T_q=(F_{T_q}, A)$。运用软集上的粗糙近似算子,可以计算得到上近似软集 $\overline{apr_R}(T_q) = (\overline{F_{T_qR}}, A)(q=1,2,3,4)$ 和下近似软集 $\underline{apr_R}(T_q) = (\underline{F_{T_qR}}, A)(q=1,2,3,4)$。各专家针对候选人的评估结果所构成的软集如表 4-18 所示。

设定专家信心的权重向量为 $W=(0.25, 0.5, 0.25)$。为了计算两个软集 (F, A) 和 (G, B) 之间的相似性,我们选用了文献[94]中的相似性度量 $S((F, A), (G, B)) = \frac{|A \cap B|}{|A \cup B|} \times \frac{\sum_{e \in A \cap B}|F(e) \cap G(e)|}{\sum_{e \in A \cap B}|F(e) \cup G(e)|}$。从而,计算得到

$S(\overline{apr_R}(T_1), \underline{apr_R}(T_1)) = 0.5625$, $S(\overline{apr_R}(T_2), \underline{apr_R}(T_2)) = 0.625$,

$S(\overline{apr_R}(T_3), \underline{apr_R}(T_3)) = 0.32$, $S(\overline{apr_R}(T_4), \underline{apr_R}(T_4)) = 0.375$.

由公式(4-16)可以计算得到 $W'=(0.299, 0.332, 0.170, 0.199)$,结合模糊软集 $F=(G, C)$(见表 4-19),候选人的加权评估值可以由公式(4-17)计算得到。候选人 e_2 的加权评估值最大,那么该候选人就是最优决策结果。

表 4-18 各专家针对候选人的评估结果所构成的软集

	o_1	o_2	o_3	o_4	o_5	o_6	o_7		o_1	o_2	o_3	o_4	o_5	o_6	o_7
	软集 $\overline{apr_R}(T_1)$								软集 $\overline{apr_R}(T_2)$						
e_1	0	0	1	1	0	0	0	e_1	1	1	1	1	0	0	0
e_2	1	1	0	0	1	1	1	e_2	1	1	0	0	1	1	1
e_3	0	0	1	1	1	1	1	e_3	0	0	1	1	1	1	1
e_4	0	0	1	1	0	0	0	e_4	0	0	1	1	0	0	0
e_5	0	0	1	1	0	0	0	e_5	0	0	1	1	1	1	1
	软集 T_1								软集 T_2						
e_1	0	0	0	1	0	0	0	e_1	1	1	1	1	0	0	0
e_2	1	1	0	0	1	1	1	e_2	1	1	0	0	1	1	1
e_3	0	0	1	0	1	1	0	e_3	0	0	1	1	1	1	1
e_4	0	0	1	1	0	0	0	e_4	0	0	1	1	0	0	0
e_5	0	0	1	1	0	0	0	e_5	0	0	1	1	1	1	1

(续表)

	o_1	o_2	o_3	o_4	o_5	o_6	o_7		o_1	o_2	o_3	o_4	o_5	o_6	o_7
	软集 $\underline{apr}_R(T_1)$								软集 $\underline{apr}_R(T_2)$						
e_1	0	0	0	0	0	0	0	e_1	1	1	1	1	0	0	0
e_2	1	1	0	0	1	1	1	e_2	1	1	0	0	0	0	0
e_3	0	0	0	0	0	0	0	e_3	0	0	1	1	0	0	0
e_4	0	0	1	1	0	0	0	e_4	0	0	1	1	0	0	0
e_5	0	0	1	1	0	0	0	e_5	0	0	1	1	1	1	1
	软集 $\overline{apr}_R(T_3)$								软集 $\overline{apr}_R(T_4)$						
e_1	1	1	1	1	0	0	0	e_1	1	1	1	1	0	0	0
e_2	1	1	0	0	1	1	1	e_2	1	1	0	0	1	1	1
e_3	1	1	1	1	0	0	0	e_3	1	1	1	1	1	1	1
e_4	1	1	1	1	1	1	1	e_4	0	0	0	0	1	1	1
e_5	0	0	1	1	1	1	1	e_5	1	1	1	1	1	1	1
	软集 T_3								软集 T_4						
e_1	1	1	1	1	0	0	0	e_1	1	0	1	1	0	0	0
e_2	0	1	0	0	1	1	0	e_2	1	0	0	0	1	1	1
e_3	1	0	1	1	0	0	0	e_3	0	0	1	1	0	0	0
e_4	1	0	1	0	1	1	0	e_4	0	0	0	0	1	1	0
e_5	0	0	1	1	0	0	1	e_5	0	1	1	1	1	0	1
	软集 $\underline{apr}_R(T_3)$								软集 $\underline{apr}_R(T_4)$						
e_1	1	1	1	1	0	0	0	e_1	0	0	1	1	0	0	0
e_2	0	0	0	0	0	0	0	e_2	0	0	0	0	1	1	1
e_3	0	0	1	1	0	0	0	e_3	0	0	1	1	0	0	0
e_4	0	0	0	0	0	0	0	e_4	0	0	0	0	0	0	0
e_5	0	0	1	1	0	0	0	e_5	0	0	1	1	0	0	0

表 4-19 模糊软集 $F=(G, C)$

	e_1	e_2	e_3	e_4	e_5
L	0.486	0.714	0.690	0.578	0.643
M	0.415	0.590	0.476	0.429	0.538
H	0.344	0.394	0.200	0.180	0.428
$v(e_i)$	0.415	0.572	0.461	0.404	0.537

4.4 本章小结

模糊集理论、粗糙集理论和软集理论是三种用于处理不确定信息的数学工具,它们既相互独立,又密切相关[95]。基于这三种理论的结合,可以获得多种混合软集模型,其中包括模糊软集模型和粗糙软集模型。这两种模型在决策问题中的应用都已经受到研究者或多或少的关注。在本章中,我们针对基于模糊软集的一种经典的决策方法——比较得分法进行了改良,改良后的方法在属性个数发生变化的决策情景中可以有效地减少决策所需的时间。同时,通过引入比较阈值模糊集的概念,我们提出了一种新的可调节的决策方法,从而克服了经典的比较得分法中的一些缺陷。该可调节方法沿用了对象的得分概念,因此仍然可以被看作比较得分法的一种改良。基于粗糙软集,首先,我们提出了两种新的方法,这两种方法分别可以应用于不同的决策环境,产生有效的决策结果;其次,我们提出了一种基于粗糙软集的群决策方法,该方法充分利用了不同决策者对于选择对象关于多方面属性的评估结果,从而有效地克服了一些现有的群决策方法的局限性。由于模糊软集和粗糙软集属于两种非常基础的混合软集模型,基于这些模型的决策方法都可以被扩展到基于更加复杂的软集扩展模型的决策问题中去,从而满足更复杂的决策需求。

第 5 章
软集理论与模糊语言方法的结合

本章节首先讨论软集理论与模糊语言方法相结合的必要性,继而提出并研究一种新的软集扩展模型,即 CLE 软集模型。基于 CLE 软集模型,我们提出了相应的决策方法,并通过例子检验了该决策方法的可行性。

5.1 软集理论与模糊语言方法相结合的必要性

在现实决策问题中,决策者倾向于对评估对象提供语言评估,而不是数值评估。对语言信息进行建模的一种重要方法是模糊语言方法(FLA)[71]。在模糊语言方法中,用语言变量来表示语言术语。犹豫环境指的是在一些决策问题中,决策者由于缺少时间、信心等,无法使用单一的语言术语对对象进行语言评估。为了有效地处理决策者在犹豫环境下提供的语言信息,Rodriguez 等在文献[77]中定义了犹豫模糊语言术语集(HFLTS)和 CLE。CLE 是一种与人类认知相符合的语言表述形式,相较于现有的一些语言表述形式,CLE 更接近于人类的语言习惯,并且很容易被环境-自由语法 G_H [78]构造。通过转换函数,CLE 可以很容易地被转化为 HFLTS[96][97]。为了便于用比较语言术语开展词计算过程(CW),文献[77]为 HFLTS 构造了一种语言区间形式的模糊包络,后来,Liu 等[79]构造了一种形式为模糊数的模糊包络。相较于语言区间形式的包络,模糊数形式的模糊包络的应用更能体现模糊语言方法的基本思想,即用模糊集理论处理语言信息。

近年来,混合软集模型在决策问题中的应用受到了研究者们的重视[98-101]。充分利用软集混合模型具有属性化工具这一特点,基于混合软集模型的决策方法可以从多个属性的角度考虑和处理决策者所提供的不确定信息。到目前为止,关于软集理论与模糊语言方法的结合办法的研究并不多,Sun 等[27]基于软集理论和模糊语言方法的结合定义了一种混合软集模型,称为语言值软集模型。这种模型是在决策背景下定义的,在该模型中,一个对象关于任意属性的评估只能是一个单独的语言术语(LT)。然而,在犹豫决策背景下,决策者更倾向于使用更加复杂的语言表述来表达他们对于对象的语言评估结果[77][102][103]。语言值软集无法用于处理这些复杂的语言信息。因此,在本章节中,我们将模糊语言方法与软集理论进一步结合,定义了一种兼容性更高的混合软集模型。在此新模型中,决策者既可以使用简单语言术语,也可以使用复杂度更高的、符合人类认知习惯的语言信息来对对象进行评估,从而满足更加复杂的决策需求。

5.2 CLE 软集

在本节中,我们通过将软集理论和 CLE 相结合,提出了一种新的混合模型——CLE 软集模型;继而对于 CLE 软集的一些相关运算进行了研究。

5.2.1 CLE 软集的定义

定义 5.2.1 假设 $U = \{x_1, x_2, \cdots, x_m\}$ 是由对象构成的论域,$E = \{e_1, e_2, \cdots, e_n\}$ 是与论域中对象相关的属性,$S = \{s_0, s_1, \cdots, s_g\}$ 是一个语言术语集。用 $P(U)$ 表示关于论域 U 中的对象,基于语言术语集 S,由环境-自由语法 G_H 所生成的所有 CLEs 所构成的集合的幂集。(F^{cle}, E) 是论域 U 上的一个 CLE 软集,其中 F^{cle} 是一个由属性集 E 到基于 S 的所有 CLEs 构成的集合的幂集的一个映射,即 $F^{cle}: E \to P(U)$。

一个 CLE 软集 (F^{cle}, E) 可以被视为一个关于论域 U 中的对象,基于 S 和 G_H 所生成的 CLEs 所构成的属性化的子集族。$F^{cle}(e_j)(x_i)$ 是一个 CLE,用来表示对象 $x_i \in U$ 相对于属性 $e_j \in E$ 的符合程度。

一个 CLE 软矩阵被定义为

$$F^{cle} = (F^{cle}(e_j)(x_i))_{m \times n},$$

其中,$i = 1, 2, \cdots, m, j = 1, 2, \cdots, n$,那么,每个 CLE 软集都对应于一个

CLE 软矩阵。

在 CLE 软集的定义中，CLEs 是在一个语言术语集 S 的基础上，运用环境-自由语法 G_H[78]生成的。文献[104,105]中指出，梯形模糊数可以很好地刻画语言信息中的模糊性。因此，我们通过文献[79]中的方法对 CLE 软集中 CLEs 的语义进行计算，在这个过程中，我们用梯形模糊隶属函数表示 HFLTS 的模糊包络。

CLE 对应的语言描述应该适用于表示对象符合属性的程度。那么，S 中的第一个术语应该指代一个对象完全不满足（不符合）一条属性，而最后一个术语应该指代一个对象完全满足（符合）该条属性。此处，我们用"不(N)"作为 S 中的第一个术语，表示对象完全不符合属性的情况，用"完全(A)"作为 S 中的最后一个术语，表示对象完全符合属性的情况。

图 5-1 给出了一个语言术语集 $S=\{s_0:$ 不(N)，$s_1:$ 几乎不(AN)，$s_2:$ 非常低(VL)，$s_3:$ 低(L)，$s_4:$ 中间(M)，$s_5:$ 高(H)，$s_6:$ 非常高(VH)，$s_7:$ 几乎完全(AA)，$s_8:$ 完全(A)$\}$，其中"不(N)"的梯形模糊数表示为 $T(0,0,0,0)$，"完全(A)"的梯形模糊数表示为 $T(1,1,1,1)$。

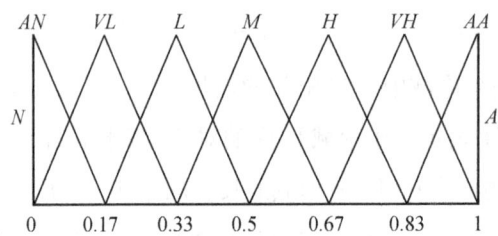

图 5-1 一个包含九个术语的语言术语集及其语义

语言术语是特殊的 CLEs，因此 CLE 软集的概念在一定程度上扩展了语言值软集的概念[27]。在一个 CLE 软集中，如果所有的 CLEs 都退化为单独的语言术语，那么一个 CLE 软集将会退化为一个语言值软集。在实际的决策问题中，当决策者被要求对于一个对象针对某属性提供语言评估时，决策者由于缺乏时间、经验等，很可能会同时在语言术语集合中几个相邻的语言术语间犹豫，而无法提供一个单独的语言术语作为对于对象的语言描述。语言值软集的缺陷，在于无法处理决策者在犹豫环境中提供的复杂的语言信息。CLE 软集既允许决策者使用单独的语言术语对对象进行评估,又允许决策者使用更复杂的语言表述,即用 CLEs 对对象进行语言评估,因此成功克服了语言值软集的缺陷。

下面我们给出 CLE 软集的一个简单的例子:

【例 5-1】 Jonhson 先生打算购买一所公寓,他可以从 $U=\{x_1, x_2, x_3\}$ 中进行选择。$E=\{e_1=$ 交通便利,$e_2=$ 性价比高,$e_3=$ 精装修,$e_4=$ 环境优美,$e_5=$ 面积大$\}$ 是 Jonhson 先生所期待的理想公寓的属性。一个专家将基于语言术语集 $S=\{s_0$:不(N),s_1:几乎不(AN),s_2:非常低(VL),s_3:低(L),s_4:中间(M),s_5:高(H),s_6:非常高(VH),s_7:几乎完全(AA),s_8:完全$(A)\}$(见图 5-1),通过环境-自由语法 G_H 所生成的 CLEs 对候选的公寓作出语言评估。不同属性的 CLEs 评估结果构成了一个 CLE 软集 (F^{cle}, E)(见表 5-1)。

表 5-1 一个 CLE 软集

U	e_1	e_2	e_3	e_4	e_5
x_1	在 VL 和 H 之间	在 VL 和 H 之间	最多 H	最少 M	N
x_2	最多 L	最多 L	最少 VL	最多 H	最少 M
x_3	在 L 和 M 之间	在 L 和 VH 之间	在 L 和 VH 之间	在 VL 和 H 之间	最多 VL

由定义 5.2.1,得到 $F^{cle}(e_3)=\{x_1$:最多 H,x_2:最少 VL,x_3:在 L 和 VH 之间$\}$,这意味着 $F^{cle}(e_3)(x_1)=$ 最多 H,$F^{cle}(e_3)(x_2)=$ 最少 VL,$F^{cle}(e_3)(x_3)=$ 在 L 和 VH 之间。其中,"$F^{cle}(e_3)(x_1)=$ 最多 H"意味着公寓 x_1 满足属性"精装修"(e_3) 的程度是"最多'高'"。

定义 5.2.2 U 是由对象所构成的论域,E 是与论域 U 相关的属性集,且 $A \subseteq E$。$S=\{s_0, s_1, \cdots, s_g\}$ 是一个语言术语集,其中术语 s_0 是"空",术语 s_g 是"全"。对于论域 U 上的一个 CLE 软集 (F^{cle}, A),如果

(1) 对于任意 $e \in A$,$x \in U$,$F^{cle}(e)(x)=$ 空,我们称 (F^{cle}, A) 为一个(针对属性集 A 的)CLE 空软集,标记为 $(\varnothing^{cle}, A)$;且

(2) 对于任意 $e \in A$,$x \in U$,$F^{cle}(e)(x)=$ 全,我们称 (F^{cle}, A) 为一个(针

对属性集 A 的)CLE 全软集,标记为 (I^{cle}, A)。

CLE 全(空)软集的定义与全(空)软集[29]、全(空)vague 软集[15]、全(空)区间值直觉模糊软集[61]的定义相一致,用来表示所有对象完全符合所有属性(任意对象都不符合任意属性)。

5.2.2 CLE 软集的运算

在本节中,我们首先回顾文献[106]中提出的一种基于量级(magnitude)的梯形模糊集的排序方法,继而提出一种 CLEs 的排序方法,最后基于所提出的 CLEs 的排序方法,研究 CLE 软集的相关运算。

定义 5.2.3 [107] 一个模糊数 u 可以属性化地表示为 $(\underline{u}, \bar{u})$,其中函数 $\underline{u}(r), \bar{u}(r)$ 满足条件:

(1) $\underline{u}(r)$ 是一个有界单调递增左连续的函数;

(2) $\bar{u}(r)$ 是一个有界单调递减右连续函数;

(3) $\underline{u}(r) \leqslant \bar{u}(r), 0 \leqslant r \leqslant 1$。

梯形模糊数 $u = (x_0, y_0, \alpha, \beta)$ 如图 5-2 所示。

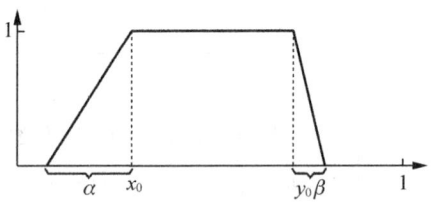

图 5-2 梯形模糊数 $u = (x_0, y_0, \alpha, \beta)$

梯形模糊数 $u = (x_0, y_0, \alpha, \beta)$ 是一个隶属函数如下的模糊集:

$$u(x) = \begin{cases} \frac{1}{\alpha}(x - x_0 + \alpha), & x_0 - \alpha \leqslant x \leqslant x_0; \\ 1, & x \in [x_0, y_0]; \\ \frac{1}{\beta}(y_0 - x + \beta), & y_0 \leqslant x \leqslant y_0 + \beta; \\ 0, & \text{其他情况}. \end{cases} \quad (5-1)$$

它的参数形式为 $\underline{u}(r) = x_0 - \alpha + \alpha r, \bar{u}(r) = y_0 + \beta - \beta r$。如果 $x_0 = y_0$,那么 u 是一个三角模糊数 $u = (x_0, \alpha, \beta)$。

基于定义 5.2.3,文献[106]中给出了梯形模糊数的量级的定义:

对于一个梯形模糊数 $u=(x_0, y_0, \alpha, \beta)$,它的参数形式为 $u=(\underline{u}(r), \bar{u}(r))$,该梯形模糊数的量级被定义为

$$\mathrm{Mag}(u)=\frac{1}{2}\Big(\int_0^1 (\underline{u}(r)+\bar{u}(r)+x_0+y_0)f(r)\mathrm{d}r\Big), \qquad (5\text{-}2)$$

其中,函数 $f(r)$ 是区间 $[0,1]$ 上的一个非负单调增函数,满足条件 $f(0)=0$,$f(1)=1$ 以及 $\int_0^1 f(r)\mathrm{d}r=\frac{1}{2}$。函数 $f(r)$ 可以根据实际情境选定。在本书中,我们将使用与文献[106]中相同的函数设定,即 $f(r)=r$。

梯形模糊数的排序规则是,$\mathrm{Mag}(u)$ 的值越大,梯形模糊数 u 越大。对于任意两个梯形模糊数 u 和 v,他们的排序为:

- $u<v$,当且仅当 $\mathrm{Mag}(u)<\mathrm{Mag}(v)$;
- $u>v$,当且仅当 $\mathrm{Mag}(u)>\mathrm{Mag}(v)$;
- $u\sim v$,当且仅当 $\mathrm{Mag}(u)=\mathrm{Mag}(v)$。

那么关系 $u\leqslant v$,$u\geqslant v$ 指的是

- $u\leqslant v$,当且仅当 $u<v$ 或者 $u\sim v$;
- $u\geqslant v$,当且仅当 $u>v$ 或者 $u\sim v$。

CLEs 可以由转换函数转化为 HFLTSs,模糊包络是 HFLTSs 的一种模糊表示模型。通过使用 HFLTSs 的模糊包络,我们可以用模糊集来表示 CLEs。文献[79]中提供了一种计算由 CLEs 所转化的 HFLTSs 的模糊包络的方法。由该方法所计算得到的模糊包络的形式为梯形直觉模糊集。

接下来,我们基于上述梯形模糊集的排序方法,以及 HFLTSs 的模糊包络的概念,给出 CLEs 的一种排序方法。

定义 5.2.4 假设 S 是一个语言术语集,ll_1,ll_2 是用环境-自由语法 G_H,基于 S 生成的两个 CLEs。E_{G_H} 是由 CLEs 到 HFLTSs 的转化函数。那么

(1) 当且仅当 $F_{H_S^1}<F_{H_S^2}$ 时,有 $ll_1<ll_2$。

(2) 当且仅当 $F_{H_S^1}>F_{H_S^2}$ 时,有 $ll_1>ll_2$。

(3) 当且仅当 $F_{H_S^1}\sim F_{H_S^2}$ 时,有 $ll_1=ll_2$。

其中,$E_{G_H}(ll_1)=H_S^1$,$E_{G_H}(ll_2)=H_S^2$ 是 S 上的 HFLTSs,$F_{H_S^1}$,$F_{H_S^2}$ 分别

为 H_S^1 和 H_S^2 的模糊包络。同时

(4) 当且仅当 $ll_1 < ll_2$ 或者 $ll_1 = ll_2$ 时，有 $ll_1 \leqslant ll_2$。

(5) 当且仅当 $ll_1 > ll_2$ 或者 $ll_1 = ll_2$ 时，有 $ll_1 \geqslant ll_2$。

$\wedge$ 和 $\vee$ 运算：

(6) 当且仅当 $ll_1 \leqslant ll_2$ 时，有 $ll_1 \wedge ll_2 = ll_1$。

(7) 当且仅当 $ll_1 \geqslant ll_2$ 时，有 $ll_1 \vee ll_2 = ll_1$。

结合 CLEs 的具体含义，我们定义了 CLEs 的语言补运算：

定义 5.2.5 $S = \{s_0, s_1, \cdots, s_g\}$ 是一个语言术语集，ll 是用环境-自由语法，基于 S 生成的一个 CLE。定义 ll 的语言补（用 ll^c 表示）为

$$ll^c = \begin{cases} 最少\, s_{g-i}, & 当\, ll = 最多\, s_i, \forall s_i \in S; \\ 最多\, s_{g-i}, & 当\, ll = 最少\, s_i, \forall s_i \in S; \\ 在\, s_{g-j}\, 和\, s_{g-i}\, 之间, & 当\, ll = 在\, s_i\, 和\, s_j\, 之间, \forall s_i, s_j \in S; \\ s_{g-i}, & for\quad ll = s_i, \forall s_i \in S. \end{cases}$$

(5-3)

接下来，在 CLEs 的排序方法的基础上，我们对于 CLE 软集的基本运算进行研究：

定义 5.2.6 U 是由对象构成的论域，E 是与 U 中的对象相关的属性构成的集合。用 $P(U)$ 表示关于论域 U 中的对象，基于 S 和环境-自由语法 G_H 所生成的所有 CLEs 所构成的集合的幂集。F, G 是由属性集 E 到 $P(U)$ 的两个映射。对于任意 $e \in E$，当且仅当对于 $\forall x \in U$，有 $F^{cle}(e)(x) \leqslant G^{cle}(e)(x)$ 时，认为 $F^{cle}(e)$ 是 $G^{cle}(e)$ 的子集，即 $F^{cle}(e) \subseteq G^{cle}(e)$。

定义 5.2.7 U 是由对象构成的论域，E 是与 U 中的对象相关的属性构成的集合。用 (F^{cle}, A) 和 (G^{cle}, B) 表示论域 U 上的两个 CLE 软集，其中 $A, B \subseteq E$。如果

(1) $A \subseteq B$,

(2) 对于任意 $e \in A$，有 $F^{cle}(e) \subseteq G^{cle}(e)$,

那么，(F^{cle}, A) 是 (G^{cle}, B) 的一个 CLE 软子集，表示为 $(F^{cle}, A) \subseteq$

(G^{cle}, B)。

【例 5-2】 接[例 5-1]，假设 $A = \{e_1 = $ 交通便利，$e_2 = $ 性价比高$\}$，$B = \{e_1 = $ 交通便利，$e_2 = $ 性价比高，$e_3 = $ 精装修$\}$ 是两个属性集。(F^{cle}, A) 和 (G^{cle}, B) 是两个 CLE 软集。

$F^{cle}(e_1) = \{x_1 :$ 在 VL 和 H 之间，$x_2 :$ 最多 L，$x_3 :$ 在 L 和 M 之间$\}$，

$F^{cle}(e_2) = \{x_1 :$ 在 VL 和 H 之间，$x_2 :$ 最多 L，$x_3 :$ 在 L 和 VH 之间$\}$，

$G^{cle}(e_1) = \{x_1 :$ 最少 H，$x_2 :$ 最多 L，$x_3 :$ 在 L 和 VH 之间$\}$，

$G^{cle}(e_2) = \{x_1 :$ 在 M 和 H 之间，$x_2 :$ 最少 H，$x_3 :$ 最少 $H\}$，

$G^{cle}(e_3) = \{x_1 :$ 最多 H，$x_2 :$ 最少 L，$x_3 :$ 在 M 和 VH 之间$\}$。

通过运用转换函数 E_{G_H}，可以得到对应于 $F^{cle}(e_1)$ 和 $G^{cle}(e_1)$ 的 HFLTSs：

$E_{G_H}(F^{cle}(e_1)(x_1)) = E_{G_H}($在 VL 和 H 之间$) = \{VL, L, M, H\}$，

$E_{G_H}(F^{cle}(e_1)(x_2)) = E_{G_H}($最多 $L) = \{N, AN, VL, L\}$，

$E_{G_H}(F^{cle}(e_1)(x_3)) = E_{G_H}($在 L 和 M 之间$) = \{L, M\}$，

$E_{G_H}(G^{cle}(e_1)(x_1)) = E_{G_H}($最少 $H) = \{H, VH, AA, A\}$，

$E_{G_H}(G^{cle}(e_1)(x_2)) = E_{G_H}($最多 $L) = \{N, AN, VL, L\}$，

$E_{G_H}(G^{cle}(e_1)(x_3)) = E_{G_H}($在 L 和 VH 之间$) = \{L, M, H, VH\}$。

用 F_{ij} 表示 $E_{G_H}(F^{cle}(e_j)(x_i))$ 的模糊包络，用 G_{ij} 表示 $E_{G_H}(G^{cle}(e_j)(x_i))$ 的模糊包络，计算出以上 HFLTSs 的模糊包络如下：

$F_{11} = T(0, 0.27, 0.57, 0.83)$， $F_{21} = T(0, 0, 0.15, 0.5)$，

$F_{31} = T(0.17, 0.33, 0.50, 0.67)$，

$G_{11} = T(0.5, 0.85, 1, 1)$， $G_{21} = T(0, 0, 0.15, 0.5)$，

$G_{31} = T(0.17, 0.43, 0.73, 1)$。

这些模糊包络的量级为：

$\mathrm{Mag}(F_{11}) \approx 0.42$，$\mathrm{Mag}(F_{21}) \approx 0.10$，$\mathrm{Mag}(F_{31}) \approx 0.42$，

$\mathrm{Mag}(G_{11}) \approx 0.90$，$\mathrm{Mag}(G_{21}) \approx 0.10$，$\mathrm{Mag}(G_{31}) \approx 0.58$。

由于 $\mathrm{Mag}(F_{11}) \leqslant \mathrm{Mag}(G_{11})$，$\mathrm{Mag}(F_{21}) \leqslant \mathrm{Mag}(G_{21})$，$\mathrm{Mag}(F_{31}) \leqslant \mathrm{Mag}(G_{31})$，可得 $F_{11} \leqslant G_{11}$，$F_{21} \leqslant G_{21}$，$F_{31} \leqslant G_{31}$。

由定义 5.2.4，可得 $F^{cle}(e_1)(x_1) \leqslant G^{cle}(e_1)(x_1)$，$F^{cle}(e_1)(x_2) \leqslant G^{cle}(e_1)(x_2)$，$F^{cle}(e_1)(x_3) \leqslant G^{cle}(e_1)(x_3)$。

那么由定义 5.2.6，可得 $F^{cle}(e_1) \subseteq G^{cle}(e_1)$。

类似地，可以得到 $F^{cle}(e_2) \subseteq G^{cle}(e_2)$。

显然 $A \subseteq B$，那么由定义 5.2.7 可得 $(F^{cle}, A) \subseteq (G^{cle}, B)$。

定义 5.2.8 [29] $E = \{e_1, e_2, \cdots, e_n\}$ 是一个属性集。E 的非集（用 $\neg E$ 表示）被定义为 $\neg E = \{\neg e_1, \neg e_2, \cdots, \neg e_n\}$，其中 $\neg e_i = 不 e_i$。

定义 5.2.9 U 是由对象构成的论域，E 是与 U 中的对象相关的属性构成的集合，且 $A \subseteq E$。CLE 软集 (F^{cle}, A) 的补集被定义为

$$(F^{cle}, A)^c = ((F^{cle})^c, \neg A),$$

其中，$\neg A \in \neg E$，且对于任意 $\neg e \in \neg A$，$x \in U$，有 $(F^{cle})^c(\neg e)(x) = (F^{cle}(e)(x))^c$。

此外，我们定义了 CLE 软集的另一种补运算：

定义 5.2.10 U 是由对象构成的论域，E 是与 U 中的对象相关的属性构成的集合，且 $A \subseteq E$。CLE 软集 (F^{cle}, A) 的相对补集被定义为

$$(F^{cle}, A)' = ((F^{cle})', A),$$

其中，$(F^{cle})'(e)(x) = (F^{cle}(e)(x))^c$，$e \in A$，$x \in U$。

我们通过下面的例子来说明定义 5.2.9 和 5.2.10 中两种补运算的区别：

【例 5-3】 接[例 5-2]，$U = \{x_1, x_2, x_3\}$ 是由房屋构成的集合，给定一个 CLE 软集 (F^{cle}, A)。

在 (F^{cle}, A) 的相对补集 $(F^{cle}, A)'$ 中：

$(F^{cle})'(e_1) = \{x_1: 在 L 和 VH, x_2: 最少 H, x_3: 在 M 和 H\}$，

$(F^{cle})'(e_2) = \{x_1: 在 L 和 VH, x_2: 最少 H, x_3: 在 VL 和 H\}$，

其中，"$(F^{cle})'(e_1)(x_2) = 最少 H$" 指的是公寓 x_2 关于属性"交通便利"的

符合程度是"最少'高'"。

在 (F^{cle}, A) 的补集 $(F^{cle}, A)^c$ 中：

$(F^{cle})^c(\neg e_1) = \{x_1: 在 L 和 VH, x_2: 最少 H, x_3: 在 M 和 H\}$，

$(F^{cle})^c(\neg e_2) = \{x_1: 在 L 和 VH, x_2: 最少 H, x_3: 在 VL 和 H\}$，

其中，"$(F^{cle})^c(\neg e_1)(x_2) = 最少 H$"指的是公寓 x_2 关于属性"交通不便利"的符合程度是"最少'高'"。

定义 5.2.11 U 是由对象构成的论域，E 是与 U 中的对象相关的属性构成的集合。对于 U 上的任意两个 CLE 软集 (F^{cle}, A) 和 (G^{cle}, B)，其中 $A, B \subseteq E$，有

(1) (F^{cle}, A) 和 (G^{cle}, B) 的扩展并被定义为

$$(H^{cle}, C) = (F^{cle}, A) \widetilde{\cup} (G^{cle}, B),$$

其中，$C = A \cup B$，且对于任意 $x \in U$，有

$$H^{cle}(e)(x) = \begin{cases} F^{cle}(e)(x), & 当 e \in A, e \notin B; \\ F^{cle}(e)(x) \vee G^{cle}(e)(x), & 当 e \in A \cap B; \\ G^{cle}(e)(x), & 当 e \notin A, e \in B. \end{cases} \quad (5\text{-}4)$$

(2) (F^{cle}, A) 和 (G^{cle}, B) 的有限交被定义为

$$(H^{cle}, C) = (F^{cle}, A) \cap (G^{cle}, B),$$

其中，$C = A \cap B$，且对于任意 $x \in U, e \in A \cap B$，有

$$H^{cle}(e)(x) = F^{cle}(e)(x) \wedge G^{cle}(e)(x). \quad (5\text{-}5)$$

(3) (F^{cle}, A) 和 (G^{cle}, B) 的有限并被定义为

$$(H^{cle}, C) = (F^{cle}, A) \cup (G^{cle}, B),$$

其中，$C = A \cap B$，且对于任意 $x \in U, e \in A \cap B$，有

$$H^{cle}(e)(x) = F^{cle}(e)(x) \vee G^{cle}(e)(x). \quad (5\text{-}6)$$

(4) (F^{cle}, A) 和 (G^{cle}, B) 的扩展交被定义为

$$(H^{cle}, C) = (F^{cle}, A) \widetilde{\cap} (G^{cle}, B),$$

其中，$C = A \bigcup B$，且对于任意 $x \in U$，有

$$H^{cle}(e)(x) = \begin{cases} F^{cle}(e)(x), & \text{当 } e \in A, e \notin B; \\ F^{cle}(e)(x) \wedge G^{cle}(e)(x), & \text{当 } e \in A \cap B; \\ G^{cle}(e)(x), & \text{当 } e \notin A, e \in B. \end{cases} \quad (5-7)$$

接下来，我们研究 CLE 软集的一些运算性质。

命题 5.2.1 U 是由对象构成的论域，E 是与 U 中的对象相关的属性构成的集合。(F^{cle}, A) 是定义在论域 U 上的一个 CLE 软集，其中 $A \subseteq E$。那么

(1) $((F^{cle}, A)^c)^c = (F^{cle}, A)$；

(2) $((F^{cle}, A)')' = (F^{cle}, A)$；

(3) $(\varnothing^{cle}, A)' = (I^{cle}, A)$. $\qquad(5-8)$

命题 5.2.2 U 是由对象构成的论域，E 是与 U 中的对象相关的属性构成的集合。$(F^{cle}, A), (G^{cle}, B)$ 是定义在论域 U 上的两个 CLE 软集，其中 $A, B \subseteq E$。那么

(1) $(F^{cle}, A) \bigcup (\varnothing^{cle}, A) = (F^{cle}, A), (F^{cle}, A) \bigcap (\varnothing^{cle}, A)$
$\qquad = (\varnothing^{cle}, A)$；

(2) $(F^{cle}, A) \bigcup (I^{cle}, A) = (I^{cle}, A), (F^{cle}, A) \bigcap (I^{cle}, A) = (F^{cle}, A)$；

(3) $(F^{cle}, A) \bigcup (F^{cle}, A) = (F^{cle}, A), (F^{cle}, A) \bigcap (F^{cle}, A)$
$\qquad = (F^{cle}, A)$；

(4) $(F^{cle}, A) \bigcap (G^{cle}, B) = (G^{cle}, B) \bigcap (F^{cle}, A), (F^{cle}, A) \bigcup (G^{cle}, B)$
$\qquad = (G^{cle}, B) \bigcup (F^{cle}, A)$. $\qquad(5-9)$

命题 5.2.3 U 是由对象构成的论域，E 是与 U 中的对象相关的属性构成的集合。$(F^{cle}, A), (G^{cle}, A)$ 是定义在论域 U 上的 CLE 软集，其中 $A \subseteq E$，那么

(1) $((F^{cle}, A) \bigcup (G^{cle}, A))^c = (F^{cle}, A)^c \bigcap (G^{cle}, A)^c$；

(2) $((F^{cle}, A) \bigcap (G^{cle}, A))^c = (F^{cle}, A)^c \bigcup (G^{cle}, A)^c$. $\qquad(5-10)$

证明： 以下我们仅仅给出(1)的证明，(2)的证明可以通过类似的方式获得。

由定义 5.2.9 和定义 5.2.11，对于任意 $\neg e \in \neg A$，$x \in U$，有 $(F^{cle} \bigcup G^{cle})^c(\neg e)(x) = ((F^{cle} \bigcup G^{cle})(e)(x))^c = (F^{cle}(e)(x) \bigvee G^{cle}(e)(x))^c$，$((F^{cle})^c \bigcap (G^{cle})^c)(\neg e)(x) = (F^{cle})^c(\neg e)(x) \bigwedge (G^{cle})^c(\neg e)(x) = (F^{cle}(e)(x))^c \bigwedge (G^{cle}(e)(x))^c$。

由 CLE 的补运算的定义可以得到：

$$(F^{cle}(e)(x) \bigvee G^{cle}(e)(x))^c = (F^{cle}(e)(x))^c \bigwedge (G^{cle}(e)(x))^c,$$

那么

$$((F^{cle}, A) \bigcup (G^{cle}, A))^c = (F^{cle}, A)^c \bigcap (G^{cle}, A)^c. \tag{5-11}$$

注： $\neg(A \bigcap B) \neq \neg A \bigcap \neg B$，除非 $A = B$。因此，性质(1)* 和(2)* 并不成立，除非 $A = B$。

(1) * $((F^{cle}, A) \bigcup (G^{cle}, B))^c = (F^{cle}, A)^c \bigcap (G^{cle}, B)^c$；

(2) * $((F^{cle}, A) \bigcap (G^{cle}, B))^c = (F^{cle}, A)^c \bigcup (G^{cle}, B)^c.$ $\tag{5-12}$

命题 5.2.4 U 是由对象构成的论域，E 是与 U 中的对象相关的属性构成的集合。(F^{cle}, A)，(G^{cle}, B) 是论域 U 上的 CLE 软集，其中 $A, B \subseteq E$。那么

(1) $((F^{cle}, A) \bigcup (G^{cle}, B))' = (F^{cle}, A)' \bigcap (G^{cle}, B)'$；

(2) $((F^{cle}, A) \bigcap (G^{cle}, B))' = (F^{cle}, A)' \bigcup (G^{cle}, B)'.$ $\tag{5-13}$

证明： 以下我们仅仅给出(1)的证明，(2)的证明可以通过类似的方式获得。

由定义 5.2.10 和定义 5.2.11，对于任意 $e \in A \bigcap B$，$x \in U$，有

$$\begin{aligned}(F^{cle} \bigcup G^{cle})'(e)(x) &= ((F^{cle} \bigcup G^{cle})(e)(x))^c \\ &= (F^{cle}(e)(x) \bigvee G^{cle}(e)(x))^c \\ &= (F^{cle}(e)(x))^c \bigwedge (G^{cle}(e)(x))^c \\ &= (F^{cle})'(e)(x) \bigwedge (G^{cle})'(e)(x) \\ &= ((F^{cle})' \bigcap (G^{cle})')(e)(x). \end{aligned} \tag{5-14}$$

命题 5.2.5 U 是由对象构成的论域，E 是与 U 中的对象相关的属性构成的集合。(F^{cle}, A)，(G^{cle}, B)，(H^{cle}, C) 是论域 U 上的 CLE 软集，其中 A，

$B, C \subseteq E$。那么

(1) $((F^{cle}, A) \bigcup (G^{cle}, B)) \bigcup (H^{cle}, C) = (F^{cle}, A) \bigcup ((G^{cle}, B) \bigcup (H^{cle}, C))$；

(2) $((F^{cle}, A) \bigcap (G^{cle}, B)) \bigcap (H^{cle}, C) = (F^{cle}, A) \bigcap ((G^{cle}, B) \bigcap (H^{cle}, C))$；

(3) $((F^{cle}, A) \bigcup (G^{cle}, B)) \bigcap (H^{cle}, C) = ((F^{cle}, A) \bigcap (H^{cle}, C)) \bigcup ((G^{cle}, B) \bigcap (H^{cle}, C))$；

(4) $((F^{cle}, A) \bigcap (G^{cle}, B)) \bigcup (H^{cle}, C) = ((F^{cle}, A) \bigcup (H^{cle}, C)) \bigcap ((G^{cle}, B) \bigcup (H^{cle}, C))$. (5-15)

证明 (1)和(2)可以由 CLE 软集的有限并和有限交的定义获得。以下我们只给出了(3)的证明，(4)的证明可以通过类似的方式获得。

由定义 5.2.11，很容易得到，对于任意 $e \in A \cap B \cap C$，有

$$
\begin{aligned}
&((F^{cle} \bigcup G^{cle}) \bigcap H^{cle})(e)(x) \\
&= (F^{cle} \bigcup G^{cle})(e)(x) \wedge H^{cle}(e)(x) \\
&= (F^{cle}(e)(x) \vee G^{cle}(e)(x)) \wedge H^{cle}(e)(x) \\
&= (F^{cle}(e)(x) \wedge H^{cle}(e)(x)) \vee (G^{cle}(e)(x) \wedge H^{cle}(e)(x)) \\
&= (F^{cle} \bigcap H^{cle})(e)(x) \vee (G^{cle} \bigcap H^{cle})(e)(x) \\
&= ((F^{cle} \bigcap H^{cle}) \bigcup (G^{cle} \bigcap H^{cle}))(e)(x).
\end{aligned}
$$
(5-16)

5.3 HFLTS 的模糊包络的计算方法

本节中，考虑到本书对于术语"空"和"全"的定义，需要对文献[79]中模糊包络的计算方法做出一些调整。

在 CLE 软集中，假设 CLEs 是基于语言术语集 $S = \{s_0, s_1, \cdots, s_g\}$ 和环境-自由语法 G_H 生成的，其中 $s_0 = $ "空" 且 $s_g = $ "全"，$g+1$ 是语言术语集中术语的个数。语言术语 $s_k \in S$ 是三角模糊数，用梯形模糊数的形式可以表示为 $A^k = T(a_L^k, a_M^k, a_M^k, a_R^k)$，$k = 0, 1, \cdots, g$。语言术语"空"的语义被定义为 $T(0,$

$0,0,0)$,语言术语"全"的语义被定义为 $T(1,1,1,1)$。

当语言术语"空"和"全"需要被考虑时,对于基于 S 生成的 CLEs,文献[79]中 HFLTSs 的模糊包络的计算方法需要做出相应的调整。

5.3.1 CLE"最少 s_i"的模糊包络

(1) 如果 $s_1 \leqslant s_i \leqslant s_{g-1}$,那么"最少 s_i"的模糊包络可以通过如下方法计算。

① 获得用于聚合的元素。

假设在 S 中的语言术语被定义为三角模糊数,用于聚合的元素为

$$T = \{a_L^i, a_M^i, a_L^{i+1}, a_R^i, a_M^{i+1}, a_L^{i+2}, a_R^{i+1}, \cdots, a_L^g, a_R^{g-1}, a_M^g, a_R^g\},$$

根据模糊划分[108],它可以被简化为

$$T = \{a_L^i, a_M^i, a_M^{i+1}, \cdots, a_M^{g-1}, a_R^{g-1}\}. \tag{5-17}$$

② 计算梯形模糊数中的参数。

由"最少 s_i"转化得到 HFLTS,H_S 的模糊包络可以由一个梯形模糊数 $F_{H_S} = T(a,b,c,d)$ 表示,其中 a 和 d 的值很容易由最小(min) 和最大(max) 算子得到,即

$$a = \min\{a_L^i, a_M^i, \cdots, a_M^{g-1}, a_R^{g-1}\} = a_L^i, \tag{5-18}$$

$$d = \max\{a_L^i, a_M^i, \cdots, a_M^{g-1}, a_R^{g-1}\} = a_R^{g-1}. \tag{5-19}$$

同时,b 和 c 的值可以通过使用 OWA 算子聚合其余的元素 $a_M^i, a_M^{i+1}, \cdots, a_M^{g-1}$ 来获得,即

$$b = \mathrm{OWA}_{W^2}(a_M^i, a_M^{i+1}, \cdots, a_M^{g-1}), \tag{5-20}$$

$$c = \mathrm{OWA}_{W^2}(a_M^i, a_M^{i+1}, \cdots, a_M^{g-1}), \tag{5-21}$$

其中,W^2 将在获得 OWA 权重中给出。

③ 获得 OWA 权重。

在这里,我们将采用文献[109]中所定义的权重向量来表示参数计算过程中

不同语言术语的重要性。

b 和 c 的值可以由 W^2 进行计算,即 $W^2=(w_1^2, w_2^2, \cdots, w_{g-i}^2)$,其中 $w_1^2=\alpha^{g-i-1}$,$w_2^2=(1-\alpha)\alpha^{g-i-2}$,$w_3^2=(1-\alpha)\alpha^{g-i-3}$,$\cdots$,$w_{g-i-1}^2=(1-\alpha)\alpha$,$w_{g-i}^2=1-\alpha$。

c 值可由 W^2 进行计算,其中设定 $\alpha=1$,那么 $c=a_M^{g-1}$。

④ 获得模糊包络。

对于由 CLE "最少 s_i" 转化得到的 HFLTS,H_S,它的模糊包络 F_{H_S} 用一个梯形模糊数 $T(a_L^i, b, a_M^{g-1}, a_R^{g-1})$ 定义,其中 b 值由公式(5-20)计算得到。

注: 为了计算 b 值,以下给出一种确定 α 值的方法。

用于计算 b 值的 α 值应该满足条件:

① $0=a_M^1 \leqslant a_M^i \leqslant b \leqslant a_M^{g-1}=1$。

② 在 "最少 s_i" 中,对于一个固定的 s_i,如果 $\alpha \to 0$,那么 $b \to a_M^i$;如果 $\alpha > 0$,那么 $b > a_M^i$;如果 $\alpha \to 1$,那么 $b \to a_M^{g-1}$。

③ 如果 $s_i \to s_1$,那么 $\alpha \to 0$ 且 $b \to a_M^1=0$。

④ 如果 $s_i \to s_{g-1}$,那么 $\alpha \to 1$ 且 $b \to a_M^{g-1}=1$。

随着 s_i 由 s_1 增加至 s_{g-1},α 的值由 0 增加至 1。也就是说,α 的取值取决于 s_i 中的 i。为了计算 α 值,定义一个线性函数如下

$$f_1(i)=\beta i+r,$$

使得 $\alpha=f_1(i)$,满足边界条件:

$$f_1(1)=0, f_1(g-1)=1,$$

可以获得 f_1 的形式:

$$f_1(i)=\frac{i-1}{g-2}, 即 \alpha=\frac{i-1}{g-2}.$$

(2) 如果 $s_i=s_0$,考虑到 s_0 是 s_1 的一个内含语言术语,CLE "最少 s_0" 的模糊包络和 CLE "最少 s_1" 的模糊包络相同,于是可以由(1)中的步骤通过设定 $\alpha=\frac{i-1}{g-2}$ 来计算得到。

(3) 如果 $s_i=s_g$,CLE "最少 s_g" 的模糊包络是 $T(1,1,1,1)$。

5.3.2 CLE "最多 s_i" 的模糊包络

当"空"和"全"需要被考虑时,文献[79]中由 CLE"最多 s_i"转化得到的 HFLTSs 的模糊包络的计算方法需要做出相应的调整。

(1) 如果 $s_1 \leqslant s_i \leqslant s_{g-1}$,可通过以下方法计算。

① 获得用于聚合的元素。

用于聚合的元素为

$$T=\{a_L^0, a_M^0, a_L^1, a_R^0, a_M^1, a_L^2, a_R^1, \cdots, a_L^i, a_R^{i-1}, a_M^i, a_R^i\},$$

可以被简化为

$$T=\{a_L^1, a_M^1, a_M^2, \cdots, a_M^i, a_R^i\}.$$

② 计算梯形模糊数中的属性。

由 CLE"最多 s_i"转化得到的 HFLTS,H_S 的模糊包络可以用一个梯形模糊数 $F_{H_S}=T(a,b,c,d)$ 来定义,其中 a 和 d 的值可以通过以下计算得到:

$$a=\min\{a_L^1, a_M^1, a_M^2, \cdots, a_M^i, a_R^i\}=a_L^1,$$

$$d=\max\{a_L^1, a_M^1, a_M^2, \cdots, a_M^i, a_R^i\}=a_R^i.$$

b 和 c 的值可以通过使用 OWA 算子聚合剩余的元素 $a_M^1, a_M^2, \cdots, a_M^i$ 获得,即:

$$b=\mathrm{OWA}_{W^1}(a_M^1, a_M^2, \cdots, a_M^i), \tag{5-22}$$

$$c=\mathrm{OWA}_{W^1}(a_M^1, a_M^2, \cdots, a_M^i), \tag{5-23}$$

其中,W^1 可以在获取 OWA 权重中进行定义。

③ 获取 OWA 权重。

$W^1=(w_1^1, w_2^1, \cdots, w_i^1)$ 被用于计算 b 和 c 的值,其中,$w_1^1=\alpha$,$w_2^1=\alpha(1-\alpha)$,$w_3^1=\alpha(1-\alpha)^2$,$\cdots$,$w_{i-1}^1=\alpha(1-\alpha)^{i-2}$,$w_i^1=(1-\alpha)^{i-1}$。

b 值可以通过使用 W^1 并设定 $\alpha=0$ 来获得,因此 $b=a_M^1$。

④ 计算模糊包络。

由 CLE"最少 s_i"转化得到的 HFLTS,H_S 的模糊包络 F_{H_S} 被定义为一个梯形模糊数 $T(a_L^1, a_M^1, c, a_R^i)$,其中 c 值由公式(5-23)计算得到。

注:为了计算 c 值,以下给出一种决定 α 的取值的方法。

α 的取值需要满足以下条件:

① $0 = a_M^1 \leqslant c \leqslant a_M^i \leqslant a_M^{g-1} = 1$。

② 对于一个固定的 s_i,如果 $\alpha \to 0$,那么 $c \to a_M^1$;如果 $\alpha > 0$,那么 $c > a_M^1$;如果 $\alpha \to 1$,那么 $c \to a_M^i$。

③ 如果 $s_i \to s_1$,那么 $\alpha \to 0$ 且 $c \to a_M^1 = 0$。

④ 如果 $s_i \to s_{g-1}$,那么 $\alpha \to 1$ 且 $c \to a_M^{g-1} = 1$。

当 s_i 由 s_1 增大至 s_{g-1} 时,α 的取值由 0 增长至 1,由类似于"最少 s_i"的情况中确定 α 的方法,容易得到 $\alpha = \dfrac{i-1}{g-2}$。

(2) 如果 $s_i = s_0$,那么 CLE"最多 s_0"的模糊包络为 $T(0,0,0,0)$。

(3) 如果 $s_i = s_g$,考虑到 s_g 可以被视为 s_{g-1} 的一个内含语言术语,"最多 s_g"的模糊包络和"最多 s_{g-1}"的模糊包络相同,参见(1)中的步骤可以计算得到,取值 $\alpha = \dfrac{i-1}{g-2}$。

5.3.3 CLE"在 s_i 和 s_j 之间"的模糊包络

(1) 如果 $s_1 \leqslant s_i \leqslant s_j \leqslant s_{g-1}$,用于计算 CLE"在 s_i 和 s_j 之间"的模糊包络的步骤参见文献[79]。

由 CLE"在 s_i 和 s_j 之间"转化为的 HFLTS,H_S 的模糊包络可以用一个梯形模糊数 $F_{H_S} = T(a,b,c,d)$ 来定义,其中 a 和 d 的值可以很容易用最小(min)和最大(max)算子计算得到,b 和 c 的值可以分别通过使用 OWA 算子聚合其余元素 $a_M^i, a_M^{i+1}, \cdots, a_M^j$ 而得到。b 的值可以运用与属性值 α_1 相关的权重向量 W^2 计算得到,c 的值可以运用与属性值 α_2 相关的权重向量 W^1 计算得到。更多细节参见文献[79]。

然而，用于确定属性值 α_1 和 α_2 的方法需要做出调整。

注：重新考虑用于计算 c 和 b 的值的属性 α_1 和 α_2。计算权重向量 W^2 和 W^1 的属性 α_1 和 α_2 的方法应该做出如下调整：

① 如果 $j-i=1$，此时没有聚合运算的必要，α_1 的值应该被设置为 1，$b=\alpha_1 \times a_M^i = a_M^i$。

② 如果 $s_i \rightarrow s_1$ 且 $s_j \rightarrow s_{g-1}$，得到 $j-i \rightarrow g-2$ 且 $\alpha_1 \rightarrow 0$。

那么，存在一个函数 $f_2:[1, g-2] \rightarrow (0, 1]$，使得 $\alpha_1 = f_2(j-i)$，满足边界条件 $f_2(1) = 1$ 且 $f_2(g-2) = 0$。

这里，f_2 也被假设为一个线性函数，即 $f_2(j-i) = \beta(j-i) + \gamma$，其中 β, γ 是未知参数。

可以得到 $f_2: f_2(j-i) = \dfrac{g-2-(j-i)}{g-3}$，其中 i 是 s_i 的下标，j 是 s_j 的下标，$g+1$ 是语言术语集 $S = \{s_0, \cdots, s_g\}$ 中术语的数目。

因此，定义 $\alpha_1 = \dfrac{g-2-(j-i)}{g-3}$，且 $\alpha_2 = 1 - \alpha_1 = \dfrac{(j-i)-1}{g-3}$。

(2) 如果 $s_i = s_0$，考虑到 s_0 是 s_1 的一个内含语言术语，CLE"在 s_0 和 s_j 之间"的模糊包络与 CLE"在 s_1 和 s_j 之间"的模糊包络相同，可以通过注释 3 中的方法确定 α_1 和 α_2 的值，并由文献[79]中的方法计算得到。

(3) 如果 $s_j = s_g$，考虑到 s_g 是 s_{g-1} 的一个内含语言术语，CLE"在 s_i 和 s_g 之间"的模糊包络与 CLE"在 s_i 和 s_{g-1} 之间"的模糊包络相同，可以通过注释 3 中的方法确定 α_1 和 α_2 的值，并由文献[79]中的方法计算得到。

5.4 基于 CLE 软集的一种多属性决策方法

基于软集的混合模型，研究者们已经提出了多种决策方法。然而，现有软集决策方法大多无法用于处理语言信息。在本节中，基于 CLE 软集，我们将提出一种可以用于处理语言信息的决策方法。

假设 U 是由对象构成的论域，E 是与 U 中的对象相关的属性构成的集合。决策者对于每个对象关于每条属性的评估都是一个 CLE，那么该决策者所提供的所有评估构成了一个 CLE 软集。决策的目标是根据决策者提供的语言信息选择出最优的对象。

首先,我们给出一个基于 CLE 软集的多属性决策方法(见算法 9)。

算法 9

[步骤 1]　以表格的形式输入一个关于 m 个候选项 $x_1, x_2, \cdots, x_m$ 的 CLE 软集 (F^{cle}, E),该表格中第 i 行第 j 列的元素是 $F^{cle}(e_j)(x_i)$。

[步骤 2]　对于每一个成本属性 e_j,将表格的第 j 列中的每个 CLE 替换为该 CLE 的语言补(见定义 5.2.5)。由此,可以得到正规化的 CLE 软集 $(\bar{F}^{cle}, E)$ 所对应的表格,该表格中第 i 行第 j 列的元素是 $\bar{F}^{cle}(e_j)(x_i)$。

[步骤 3]　用 u_{ij} 表示 $\bar{F}^{cle}(e_j)(x_i)$ 所对应的 HFLTS 的模糊包络。对于任意属性 e_j,用 M_j 表示对应于 CLEs 的 HFLTSs 的模糊包络的量级的最大值,即 $M_j = \max\limits_{i=1,\cdots,m} \mathrm{Mag}(u_{ij})(j=1,\cdots,n)$。构建一个比较矩阵 $A=(a_{pq})_{m\times n}$,其中 a_{pq} 指的是以下序列中非负值的和:

$$\frac{\mathrm{Mag}(u_{p1})-\mathrm{Mag}(u_{q1})}{M_1}, \frac{\mathrm{Mag}(u_{p2})-\mathrm{Mag}(u_{q2})}{M_2}, \cdots, \frac{\mathrm{Mag}(u_{pn})-\mathrm{Mag}(u_{qn})}{M_n}。$$

[步骤 4]　对于任意 $i=1,\cdots,m$,计算出比较矩阵 A 中第 i 行元素的和,记为 R_i;计算出比较矩阵 A 中第 i 列元素的和,记为 T_i。对于任意 $i=1,\cdots,m$,计算出 x_i 的得分 $S_i = R_i - T_i$。

[步骤 5]　如果 $S_k = \max_{i=1,\cdots,m} S_i$,即 x_k 是得分最高的对象,那么选出 x_k 作为决策结果。

接下来,我们将通过一个例子对算法 9 的应用进行说明。

【例 5-4】　一个工厂需要购买机器。可供选择的机器有 $U=\{x_1,\cdots,x_6\}$,需要考虑的属性有 $E=\{e_1=$价格高$, e_2=$耐用性强$, e_3=$技术先进$\}$。决策者将基于一个语言术语集 $S=\{s_0:$ 空$(N), s_1:$ 几乎为空$(AN), s_2:$ 很低$(VL), s_3:$ 低$(L), s_4:$ 中$(M), s_5:$ 高$(H), s_6:$ 很高$(VH), s_7:$ 几乎为全$(AA), s_8:$ 全$(A)\}$(见图 5-1) 对 U 中的机器关于 E 中的属性用 CLEs 进行语言评估。

(1) 输入一个初始的 CLE 软集。

决策者对于候选机器的语言评估形成了一个 CLE 软集(见表 5-2)。

表 5-2 初始 CLE 软集

U	e_1	e_2	e_3
x_1	最多 L	在 L 和 M 之间	最多 L
x_2	最少 H	最多 L	M
x_3	在 VL 和 H 之间	在 M 和 VH 之间	在 M 和 VH 之间
x_4	H	在 L 和 VH 之间	最少 H
x_5	最少 H	在 VL 和 H 之间	在 L 和 VH 之间
x_6	在 VL 和 H 之间	最多 L	在 M 和 H 之间

(2) 将决策信息正规化。

显然，e_1 是一个成本型属性，e_2 和 e_3 是效益型属性，正规化的 CLE 软集如表 5-3 所示。

表 5-3 正规化的 CLE 软集

U	e_1	e_2	e_3
x_1	最少 H	在 L 和 M 之间	最多 L
x_2	最多 L	最多 L	M
x_3	在 L 和 VH 之间	在 M 和 VH 之间	在 M 和 VH 之间
x_4	L	在 L 和 VH 之间	最少 H
x_5	最多 L	在 VL 和 H 之间	在 L 和 VH 之间
x_6	在 L 和 VH 之间	最多 L	在 M 和 H 之间

(3) 计算比较矩阵。

将正规化的 CLE 软集中的 CLEs 转化为 HFLTSs(见表 5-4)，并计算出这些 HFLTSs 的模糊包络(见表 5-5)，以及这些模糊包络的量级(见表 5-6)。

表 5-4 由 CLE 转化得到的 HFLTS

U	e_1	e_2	e_3
x_1	$\{H, VH, AA, A\}$	$\{L, M\}$	$\{N, AN, VL, L\}$
x_2	$\{N, AN, VL, L\}$	$\{N, AN, VL, L\}$	$\{M\}$
x_3	$\{L, M, H, VH\}$	$\{M, H, VH\}$	$\{M, H, VH\}$

U	e_1	e_2	e_3
x_4	$\{L\}$	$\{L, M, H, VH\}$	$\{H, VH, AA, A\}$
x_5	$\{N, AN, VL, L\}$	$\{VL, L, M, H\}$	$\{L, M, H, VH\}$
x_6	$\{L, M, H, VH\}$	$\{N, AN, VL, L\}$	$\{M, H\}$

表 5-5 HFLTS 的模糊包络

U	e_1	e_2	e_3
x_1	$T(0.5, 0.85, 1, 1)$	$T(0.17, 0.33, 0.50, 0.67)$	$T(0, 0, 0.15, 0.5)$
x_2	$T(0, 0, 0.15, 0.5)$	$T(0, 0, 0.15, 0.5)$	$T(0.33, 0.5, 0.5, 0.67)$
x_3	$T(0.17, 0.43, 0.73, 1)$	$T(0.33, 0.64, 0.70, 1)$	$T(0.33, 0.64, 0.70, 1)$
x_4	$T(0.17, 0.33, 0.33, 0.5)$	$T(0.17, 0.43, 0.73, 1)$	$T(0.5, 0.85, 1, 1)$
x_5	$T(0, 0, 0.15, 0.5)$	$T(0, 0.27, 0.57, 0.83)$	$T(0.17, 0.43, 0.73, 1)$
x_6	$T(0.17, 0.43, 0.73, 1)$	$T(0, 0, 0.15, 0.5)$	$T(0.33, 0.5, 0.67, 0.83)$

表 5-6 HFLTS 的模糊包络的量级

U	e_1	e_2	e_3
x_1	0.896	0.416	0.104
x_2	0.104	0.104	0.5
x_3	0.581	0.669	0.669
x_4	0.331	0.581	0.896
x_5	0.104	0.419	0.581
x_6	0.581	0.104	0.584

由公式 $M_j = \max_{i=1,\cdots,6} \text{Mag}(U_{ij})$ $(j=1, 2, 3)$,基于表 5-6,可以得到:

$M_1 = \max(0.896, 0.104, 0.581, 0.331, 0.104, 0.581) = 0.896,$

$M_2 = \max(0.416, 0.104, 0.669, 0.581, 0.419, 0.104) = 0.669,$

$M_3 = \max(0.104, 0.5, 0.669, 0.896, 0.581, 0.584) = 0.896.$

由此得到比较矩阵 A:

第 5 章　软集理论与模糊语言方法的结合

$$A = \begin{bmatrix} 0.000 & 1.350 & 0.352 & 0.631 & 0.884 & 0.818 \\ 0.442 & 0.000 & 0.000 & 0.000 & 0.000 & 0.000 \\ 1.009 & 1.566 & 0.000 & 0.411 & 1.004 & 0.939 \\ 1.131 & 1.408 & 0.253 & 0.000 & 0.847 & 1.061 \\ 0.537 & 0.561 & 0.000 & 0.000 & 0.000 & 0.471 \\ 0.536 & 0.626 & 0.000 & 0.279 & 0.536 & 0.000 \end{bmatrix}. \tag{5-24}$$

（4）计算对象的得分。

$R_1 = 4.035, R_2 = 0.442, R_3 = 4.929, R_4 = 4.7, R_5 = 1.569, R_6 = 1.977.$

$T_1 = 3.655, T_2 = 5.511, T_3 = 0.605, T_4 = 1.321, T_5 = 3.271, T_6 = 3.289.$

那么对象的得分分别是：

$$S_1 = 0.38, S_2 = -5.069, S_3 = 4.324, S_4 = 3.379,$$
$$S_5 = -1.702, S_6 = -1.312.$$

（5）做出决策。

由于 $S_3 = \max\limits_{i=1,\cdots,6} S_i$，决策的结果是对象 x_3。

5.5　基于 CLE 软集的共识群体决策模型

多属性群体决策问题在日常生活中随处可见。在这些日常决策问题中，决策者很容易倾向于使用语言表达，而非使用数值来描述自己的偏好，发表自己的观点。为了更好地解决这类问题，本书提出了一种基于 CLE 软集的共识群体决策模型。

在正式提出具体的群体决策方案之前，我们先把注意力放在如何聚合 CLE 软集的方法上。为了达成这一目的，我们首先需要研究聚合 CLE 软集的方法。因此，我们首先讨论聚合 CLE 的方法。

文献[74]中定义了一种聚合语言信息的聚合算子：

定义 5.5.1　假设 $L = \{L_1, L_2, \cdots, L_m\}$ 是一个语言值集，其中的语言值满足条件 $L_i > L_j$ if $i > j$，映射 $F_W: L^n \to L$ 被称为一个 n 纬 OWA 算子，如果对

应的权重向量 $W=\{w_1,w_2,\cdots,w_n\}^T$ 满足:

(1) $w_j \in L$;

(2) $w_j \geqslant w_i$, if $j>i$;

(3) $\text{Max}_j[w_j]=L_m$。

对于任意一组值 $a_1,\cdots,a_n$,有 $F_W(a_1,\cdots,a_n)=\text{Max}_j[w_j \wedge b_j]$,指代将数列 $a_1,\cdots,a_n$ 由大到小进行排序后,第 j 大的数。

为了使用序数 OWA(Ordinal OWA) 算子实现语言值的聚合,文献[74]研究了若干种构造权重向量的方法。其主要思想是运用语言值域中的语言值作为聚合算子的权重。然而,如果我们简单地遵循这种产生权重向量的方法,必须先列举出能够运用上下文无关语法 G_H 在语言值域 S 上构造的所有 CLE[标记为 $\zeta(S)$]。然而,在实际应用情境中,将这些 CLE 都事先列举出来往往是很难实现的。为了简化计算,我们建议运用在语言集 S 上的语言术语来聚合 CLE。也就是说,用 S 代替 $\zeta(S)$ 作为语言值的值域去生成权重向量。考虑到以下因素,这种简化是可行的:

(1) 集合 S 中的语言术语可以被视为建立在 S 上的特殊的 CLE;

(2) 在 $\zeta(S)$ 中最大、最小的 CLE 都包含在 S 中;

(3) 考虑到 S 中语言术语的均匀非降序分布。

为了聚合 $\zeta(S)$ 中的 CLE,我们定义了一种 CLE-OWA 算子,该算子中的权重向量由 S 中的语言术语组成。

定义 5.5.2 假设 $S=\{s_0,s_1,\cdots,s_g\}$ 是一个语言术语集,$\zeta(S)$ 是运用上下文无关语法 G_H 在集合 S 上建立的 CLE 所构成的集合。映射 $\theta_W: \zeta(S)^n \to \zeta(S)$ 被称为一个 n 维 CLE-OWA 算子,相应的权重向量 $W=\{w_1,w_2,\cdots,w_n\}^T$ 满足:

(1) $w_j \in S$;

(2) 如果 $j>i$,那么 $w_j \geqslant w_i$;

(3) $\text{Max}_j[w_j]=s_g$。

其中,对于 $\zeta(S)$ 上任意的一组 CLEs,$a_1,\cdots,a_n$,有

$$\theta_W(a_1,\cdots,a_n)=\text{Max}_j[w_j \wedge b_j], \quad (5-25)$$

其中，b_j 是数列 $a_1,\cdots,a_n$ 由大到小排序后，排序第 j 大的语言术语。

注：（1）对于 CLEs $a_1,\cdots,a_n$ 的排序方法，详见定义 5.2.4。

（2）CLE-OWA 算子是特殊的序数 OWA 算子[74]，其权重是单独的语言术语，聚合对象是 CLEs。

【**例 5-5**】 假设 $S=\{s_0,s_1,s_2,s_3,s_4,s_5,s_6,s_7,s_8\}$ 是一个语言术语集，四个运用上下文无关语法 G_H 在 S 中建立的 CLEs——"最少 s_4""最多 s_3""在 s_3 和 s_6 之间""最少 s_5"，需要运用如下权重向量进行聚合：

$$W=\{s_1,s_2,s_6,s_8\}^{\mathrm{T}}.$$

将"最少 s_4"，"最多 s_3"，"在 s_3 和 s_6 之间"，"最少 s_5"运用定义 5.2.4 及定义 5.5.2 进行排序，可以获得：

$$b_1=\text{至少}\,s_5,\,b_2=\text{至少}\,s_4,\,b_3=s_3\,\text{和}\,s_6\,\text{之间},\,b_4=\text{至多}\,s_3,$$

那么，θ_W（至少 s_4，至多 s_3，s_3 和 s_6 之间，至多 s_5）=Max$[s_1 \wedge$ 至多 $s_5, s_2 \wedge$ 至少 $s_4, s_6 \wedge s_3$ 和 s_6 之间，$s_8 \wedge$ 至多 $s_3]$=Max$[s_1, s_2, s_3$ 和 s_6 之间，至多 $s_3]$=s_3 和 s_6 之间。

通过运用 CLE-OWA 算子，HLE 软集可以由以下方式进行聚合：

定义 5.5.3 假设 $U=\{x_1,x_2,\cdots,x_m\}$ 为值域，$E=\{e_1,e_2,\cdots,e_n\}$ 为与 U 相关的参数集，$S=\{s_0,s_1,\cdots,s_g\}$ 是一个语言术语集，$(F_1^{cle},E),(F_2^{cle},E),\cdots,(F_f^{cle},E)$ 是 U 上的 HLE 软集，由 $(F_1^{cle},E),(F_2^{cle},E),\cdots,(F_f^{cle},E)$ 获取的 θ_W 关联集结 HLE 软集被定义为

$$F^{cle}(e_j)(x_i)=\theta_W(F_1^{cle}(e_j)(x_i),\cdots,F_f^{cle}(e_j)(x_i)),$$

其中，$e_j \in E$，$X_i \in U$ 是与权重向量 θ_W 相关的 CLE-OWA 算子，权重向量 W 是由 S 中的元素生成的。

当一个群体决策问题用 HLE 软集的形式描述时，不同专家通常可以从不同角度提供他们的观点和意见。如此一来，收集到语言信息的复杂程度也随之升高，由此增加了信息处理的难度和群体共识达成过程的必要性。

接下来，我们提出了一种运用 HLE 软集解决语言群体决策问题的共识模型

(见图 5-3)。

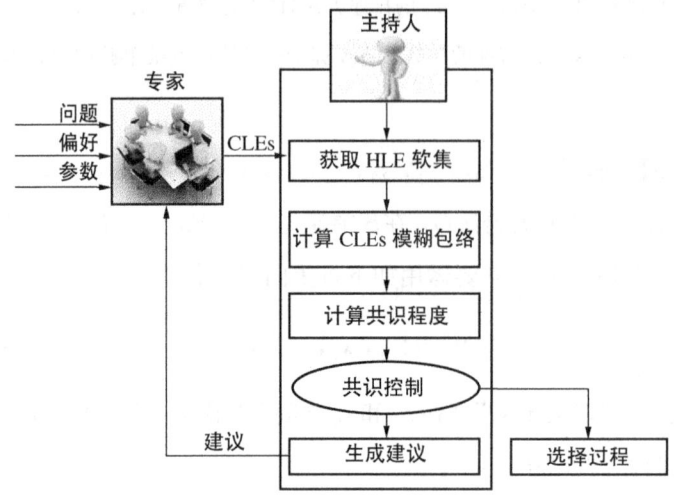

图 5-3 运用 HLE 软集解决语言群体决策问题的共识模型

(1) 在所有由专家提供的 HLE 软集中,计算每个 CLE 的模糊包络。

运用转换函数 E_{G_H} 将 CLE, $F_k^{cle}(e_j)(x_i)$ 转换为 HFLTS, 并将 $E_{G_H}(F_k^{cle}(e_j)(x_i))$ 的模糊包络标记为 u_{ij}^k。

(2) 根据 HFLTS 的模糊包络的量级(Magnitudes)计算群体共识程度。

① 对于任意一组专家 t_l 和 t_k,计算相似矩阵 $SM_{lk} = (sm_{ij}^{lk})_{m \times n}$,其中 $sm_{ij}^{lk} \in [0,1]$,代表关于对象 x_i 和参数 e_j,对象 t_l 和 t_k 之间的共识程度。计算方法为:

$$sm_{ij}^{lk} = 1 - |\text{Mag}(u_{ij}^l) - \text{Mag}(u_{ij}^k)|. \tag{5-26}$$

② 对于对象 x_i 和参数 e_j,所有专家之间的共识程度计算方法为:

$$cp_{ij} = 1 - \frac{2}{f(f-1)} \sum_{k,l \in \{1,2,\cdots,f\}, k \neq l} |\text{Mag}(u_{ij}^l) - \text{Mag}(u_{ij}^k)|. \tag{5-27}$$

③ 专家 t_l 和 t_k ($t_l, t_k \in G$) 之间的共识程度计算方法为:

$$cl(t_l, t_k) = \frac{1}{mn} \sum_{j=1}^{n} \sum_{i=1}^{n} sm_{ij}^{lk}. \tag{5-28}$$

④ 群体 $G=\{t_1, t_2, \cdots, t_f\}$ 的群共识程度计算方法为：

$$CL = \frac{2}{f(f-1)} \sum_{k, l \in \{1, 2, \cdots, f\}, k \neq l} cl(t_l, t_k). \quad (5-29)$$

（3）共识控制。

在这个阶段，将群体共识水平与事先设定的共识阈值 μ 相比较，如果共识程度没达到，一些专家的意见需要被调整：

① 如果 $CL > \mu$，那么共识达成，进入选择流程；

② 如果 $CL < \mu$，一些专家将被建议调整各自的意见。

一个数值 $Maxround \in N$ 将被事先设定为最大调整轮数。

（4）意见生成。

① 计算 θ_W 关联集结 HLE 软集：

在这一阶段，由 $(F_1^{cle}, E), (F_2^{cle}, E), \cdots, (F_f^{cle}, E)$ 计算 (F^{cle}, E) 关联集结 HLE 软集（见定义 5.5.3）。$E_{G_H}(F^{cle}(e_j)(x_i))$ 的模糊包络被标记为 u_{ij}，对应于 (F^{cle}, E) 的 HLE 软矩阵被标记为 F^{cle}，那么每个专家 $t_k (k \in \{1, 2, \cdots, f\})$ 和 F^{cle} 之间的相似矩阵 $P_k = (p_{pq}^k)_{m \times n}$ 可以用以下方式进行计算：

$$p_{ij}^k = 1 - |\mathrm{Mag}(u_{ij}^k) - \mathrm{Mag}(u_{ij})|, \quad (5-30)$$

其中，$i \in \{1, 2, \cdots, m\}, j \in \{1, 2, \cdots, n\}$。

对应于对象 x_i 和参数 e_j 的平均相似性可以用以下的聚合算子 γ 进行计算：

$$\bar{p}_{ij} = \gamma(p_{ij}^1, p_{ij}^2, \cdots, p_{ij}^f). \quad (5-31)$$

② 识别需要被修改的专家意见：

如果 $CL \leqslant \mu$，那么一定存在 (i, j)，使得 $cp_{ij} \leqslant \mu$。我们需要确定哪些专家需要调整意见，以及 (p, q) 对应于对象 x_p 和参数 e_q 的调整位置 (p, q)。为了达成这个目的：

i. 通过 $cp_{pq} = \min(cp_{ij})$ 确定位置 (p, q)，其中 $i \in \{1, 2, \cdots, m\}, j \in \{1, 2, \cdots, n\}$。

ii. 通过比较 p_{pq}^k 和 p_{pq} 由公式 $(5-31)$ 所计算得到的平均相似性，$\bar{P}_{pq}$ 确定需要在 (p, q) 方位调整意见的专家：满足条件 $P_{pq}^k < \bar{P}_{pq}$ 的专家 t_k 应被建议修

改他们对于对象 x_p 关于参数 e_q 的意见。此时，被建议修改意见的专家的个数可以不唯一。

③ 确定调整方向。

在这个阶段，采用一个接近于 0 的正值(标识为 ε)来描述可接受限度，采用如下规则来确定专家意见的修改方向：

如果 $(\mathrm{Mag}(u_{pq}^k) - \mathrm{Mag}(\tilde{u}_{pq})) < -\varepsilon$，那么专家 t_k 应该增加对于对象 x_p 关于参数 e_q 的意见/偏好；

如果 $(\mathrm{Mag}(u_{pq}^k) - \mathrm{Mag}(\tilde{u}_{pq})) > \varepsilon$，那么专家 t_k 应该降低对于对象 x_p 关于参数 e_q 的意见/偏好；

如果 $-\varepsilon \leqslant (\mathrm{Mag}(u_{pq}^k) - \mathrm{Mag}(\tilde{u}_{pq})) \leqslant \varepsilon$，那么专家 t_k 不需要改变其对于对象 x_p 关于参数 e_q 的意见/偏好。

基于上文中所引入的共识模型，接下来，我们将提出一种应用到 HLE 软集的共识群体决策方法(见算法 10)：

算法 10

[步骤1] 决策问题的确定，包含专家群体 $G = \{t_1, t_2, \cdots, t_f\}$ 的确定，对象集合 $U = \{x_1, x_2, \cdots, x_m\}$ 的确定，参数集合 $E = \{e_1, e_2, \cdots, e_n\}$ 的确定，以及语言术语集 $S = \{s_0, s_1, \cdots, s_g\}$ 的确定。

[步骤2] 通过运用建立在 S 上的 CLEs，每位专家 $t_k \in G$ 提供对于 U 中所有对象关于 E 中的所有参数的意见/偏好。所有专家 $t_k (k = 1, 2, \cdots, f)$ 提供的 CLEs 形成了一个 HLE 软集 (F_k^{cle}, E)。

[步骤3] 采用一个 f 维的 CLE-OWA 算子聚合 CLEs，从而由 (F_1^{cle}, E), (F_2^{cle}, E), $\cdots$, (F_f^{cle}, E) 计算 θ_w 关联集结 HLE 软集 $(\tilde{F}^{cle}, E)$。

[步骤4] 通过应用所引入的群体共识模型，展开群体共识达成过程。把共识达成后，即共识水平达到提前设定的阈值时(或者调整轮数达到最高值 $Maxround$ 时)，专家 t_k 对应的 HLE 软集标记为 $(F_k^{'cle}, E)(k \in \{1, 2, \cdots, f\})$。

[步骤5] 由 $(F_1^{'cle}, E)$, $(F_2^{'cle}, E)$, $\cdots$, $(F_f^{'cle}, E)$ 计算 θ_w 关联集结 HLE 软集 $(\tilde{F}^{'cle}, E)$。

[步骤6] 在软集 $(\tilde{F}^{'cle}, E)$ 上应用算法 1，选择分数最高的对象，即选择满足条件 $S_k =$

max $S_i(i=1,2,\cdots,m)$ 的对象 x_k 作为最优候选者。其中 S_i 指代 x_i 的得分。最优候选者可以是若干个,在步骤 3 中能够被采用的 CLE-OWA 算子也并非单一的。在极端情况下,步骤 6 所选择出的最优候选者的个数可能会过多。此时,我们建议可以在步骤 3 中采用一个不同的 CLE-OWA 算子。在这里,我们列举了若干种可以在步骤 3 中采用的 CLE-OWA 算子,以及一种可行的 CLE-OWA 算子的选择方案。

为了诠释本章节中所提出的共识群体决策方法,我们给出如下算例:

【例 5-6】 假设有 4 个专家 $G=\{t_1,t_2,t_3,t_4\}$,这些专家分别提供了他们关于 $U=\{x_1,x_2,x_3,x_4\}$ 中候选项的意见,需要由此选择出最优候选者。在此,参数集合 $E=\{e_1,e_2,\cdots,e_5\}$ 中所有的参数需要被考虑到,所有意见形成了 4 个 HLE 软集。在这些 HLE 软集中的所有 CLE 都是建立在一个语言术语集 $S=\{s_0,s_1,\cdots,s_8\}$(见图 5-1)上的。

在共识达成过程中,共识阈值 $\mu=0.9$,可接受限度 $\varepsilon=0.1$,最大调整轮数 $Maxround=10$。在 γ 的选择上,我们运用了平均聚合算子。

步骤 1:从专家处收集 CLE 形式的专家意见。

每位专家 $t_k \in G$ 所提供的意见形成了一个 HLE 软集 (F_k^{cle}, E)。对应的 HLE 软矩阵被标记为 $F_1^{cle}, F_2^{cle}, F_3^{cle}, F_4^{cle}$[见公式(5-32)至公式(5-35)]。

$$F_1^{cle} = \begin{bmatrix} \text{在 } s_2 \text{ 和 } s_4 \text{ 之间} & \text{最少 } s_5 & \text{最多 } s_3 & \text{最多 } s_4 & \text{在 } s_2 \text{ 和 } s_4 \text{ 之间} \\ \text{最少 } s_4 & \text{在 } s_3 \text{ 和 } s_6 \text{ 之间} & s_5 & \text{最少 } s_4 & \text{最少 } s_5 \\ \text{在 } s_2 \text{ 和 } s_5 \text{ 之间} & \text{最多 } s_3 & s_3 & \text{最少 } s_5 & s_0 \\ \text{最多 } s_3 & \text{最少 } s_5 & \text{最多 } s_3 & \text{在 } s_2 \text{ 和 } s_4 \text{ 之间} & \text{最少 } s_4 \end{bmatrix}$$

(5-32)

$$F_2^{cle} = \begin{bmatrix} \text{在 } s_4 \text{ 和 } s_6 \text{ 之间} & \text{最少 } s_5 & s_2 & \text{最多 } s_4 & \text{在 } s_2 \text{ 和 } s_4 \text{ 之间} \\ \text{在 } s_4 \text{ 和 } s_5 \text{ 之间} & \text{在 } s_3 \text{ 和 } s_6 \text{ 之间} & s_5 & \text{在 } s_4 \text{ 和 } s_5 \text{ 之间} & \text{最少 } s_5 \\ s_2 & \text{最多 } s_3 & s_3 & \text{最少 } s_5 & s_0 \\ \text{在 } s_2 \text{ 和 } s_3 \text{ 之间} & \text{最少 } s_5 & \text{最多 } s_3 & \text{在 } s_2 \text{ 和 } s_4 \text{ 之间} & s_8 \end{bmatrix}$$

(5-33)

$$F_3^{cle} = \begin{bmatrix} 在 s_4 和 s_5 之间 & 最少 s_5 & s_2 & 最多 s_4 & 在 s_2 和 s_4 之间 \\ 在 s_4 和 s_5 之间 & 在 s_3 和 s_6 之间 & s_0 & 最少 s_5 & 最少 s_5 \\ s_8 & 最多 s_3 & 最多 s_3 & 最少 s_5 & s_0 \\ 最少 s_5 & 最少 s_5 & 最多 s_3 & 在 s_2 和 s_4 之间 & 最少 s_4 \end{bmatrix}$$

(5-34)

$$F_4^{cle} = \begin{bmatrix} 在 s_4 和 s_6 之间 & 最少 s_5 & s_2 & 最多 s_4 & 在 s_2 和 s_4 之间 \\ 在 s_4 和 s_5 之间 & 在 s_3 和 s_6 之间 & s_0 & 最少 s_5 & 最少 s_5 \\ 在 s_3 和 s_4 之间 & 在 s_2 和 s_3 之间 & 最多 s_3 & 最少 s_5 & 在 s_2 和 s_3 之间 \\ 最多 s_3 & 最少 s_5 & 最多 s_3 & 在 s_2 和 s_4 之间 & 最少 s_5 \end{bmatrix}$$

(5-35)

步骤2：选择一个维度值为 f 的 CLE-OWA 算子。

在此,我们应用了一个由[0,1]到 S 的序数效用函数来建立一个权重向量 W,来聚合 S 上的CLE,从而获得 $W=\{s_0, s_3, s_6, s_8\}$。假设 $L=\{l_1, l_2, \cdots, l_m\}$,一个序数效用函数是一个由[0,1]到 S 的映射[74] $H:[0,1] \to L$ s.t. $H(r) = l_i, \dfrac{i-1}{m} \leqslant r < \dfrac{i}{m}, i=1, 2, \cdots, m$ 和 $H(1)=l_m$。

我们选择这个权重向量的原因是,在数值情况下,它与平均聚合算子 $w_i = 1/n$ 具有类似的效用。N 维权重向量 W 中具体的权重值可以进行如下计算:

$$w_j = H\left(\frac{j-1}{n-1}\right), j=1, \cdots, n. \quad (5-36)$$

在本例中,S 中包含有9个语言值,W 的维度是 $n=4$。在此,单位区间被划分为9个区间段并映射到单位函数 H 上。由此,我们获得:

$$w_1 = H\left(\frac{0}{3}\right) = s_0; \quad w_2 = H\left(\frac{1}{3}\right) = s_3 \left(\frac{3}{9} \leqslant r \leqslant \frac{4}{9}\right);$$

$$w_3 = H\left(\frac{2}{3}\right) = s_6 \left(\frac{6}{9} \leqslant r < \frac{7}{9}\right); \quad w_4 = H\left(\frac{3}{3}\right) = s_8.$$

步骤3：开展群体共识达成过程。

（1）基于CLE的模糊包络的量级,计算群体共识程度。

① 将 CLE 转化为 HFLTS[见公式 (5-37) 至公式(5-40)]。

$$F_1^{cde} = \begin{bmatrix} \{s_2,s_3,s_4\} & \{s_5,s_6,s_7,s_8\} & \{s_0,s_1,s_2,s_3\} & \{s_4,s_5,s_6\} \\ \{s_4,s_5,s_6,s_7,s_8\} & \{s_3,s_4,s_5,s_6\} & s_5 & \{s_4,s_5\} \\ \{s_2,s_3,s_4,s_5\} & \{s_0,s_1,s_2,s_3\} & s_3 & s_2 \\ \{s_0,s_1,s_2,s_3\} & \{s_5,s_6,s_7,s_8\} & \{s_0,s_1,s_2,s_3\} & \{s_2,s_3\} \end{bmatrix} \quad (5-37)$$

$$F_2^{cde} = \begin{bmatrix} \{s_2,s_3,s_4\} & \{s_5,s_6,s_7,s_8\} & s_2 & \{s_4,s_5\} \\ \{s_5,s_6,s_7,s_8\} & \{s_3,s_4,s_5,s_6\} & s_5 & \{s_4,s_5\} \\ s_0 & \{s_0,s_1,s_2,s_3\} & s_0 & s_8 \\ \{s_5,s_6,s_7,s_8\} & \{s_2,s_3\} & \{s_0,s_1,s_2,s_3\} & \{s_2,s_3\} \end{bmatrix} \quad (5-38)$$

$$F_3^{cde} = \begin{bmatrix} \{s_2,s_3,s_4\} & \{s_5,s_6,s_7,s_8\} & s_2 & \{s_4,s_5\} \\ \{s_5,s_6,s_7,s_8\} & \{s_3,s_4,s_5,s_6\} & s_0 & \{s_4,s_5\} \\ s_0 & \{s_5,s_6,s_7,s_8\} & \{s_0,s_1,s_2,s_3\} & s_8 \\ \{s_4,s_5,s_6,s_7,s_8\} & \{s_2,s_3,s_4\} & \{s_5,s_6,s_7,s_8\} & \{s_5,s_6,s_7,s_8\} \end{bmatrix} \quad (5-39)$$

$$F_4^{cde} = \begin{bmatrix} \{s_2,s_3,s_4\} & \{s_2,s_3,s_4\} & s_8 & \{s_4,s_5\} \\ \{s_2,s_3\} & \{s_5,s_6,s_7,s_8\} & \{s_0,s_1,s_2,s_3\} & \{s_3,s_4\} \\ \{s_5,s_6,s_7,s_8\} & \{s_5,s_6,s_7,s_8\} & \{s_0,s_1,s_2,s_3\} & \{s_0,s_1,s_2,s_3\} \\ \{s_0,s_1,s_2,s_3\} & \{s_2,s_3,s_4\} & \{s_5,s_6,s_7,s_8\} & \{s_2,s_3\} \end{bmatrix} \quad (5-40)$$

② 计算 HFLTSs 的模糊包络[见公式(5-41)至公式(5-44)]。

$$F_1^{cle} = \begin{bmatrix} T(0,0.30,0.36,0.67) & T(0,0.30,0.36,0.67) & T(0,0,0.15,0.5) & T(0,0,0.30,0.36,0.67) \\ T(0.33,0.65,1,1) & T(0.17,0.43,0.73,1) & T(0.5,0.67,0.67,0.83) & T(0.33,0.65,1,1) \\ T(0.27,0.57,0.83) & T(0,0,0.15,0.5) & T(0.17,0.33,0.33,0.5) & T(0,0,0,0) \\ T(0,0,0.15,0.5) & T(0.5,0.85,1,1) & T(0,0,0.15,0.5) & T(0.33,0.65,1,1) \end{bmatrix} \quad (5-41)$$

$$F_2^{cle} = \begin{bmatrix} T(0.33,0.64,0.7,1) & T(0.5,0.85,1,1) & T(0,0.17,0.17,0.33) & T(0,0,0.30,0.36,0.67) \\ T(0.33,0.5,0.67,0.83) & T(0.17,0.43,0.73,1) & T(0.5,0.67,0.67,0.83) & T(0.5,0.85,1,1) \\ T(0,0.17,0.17,0.33) & T(0,0,0.15,0.5) & T(0,0,0,0) & T(0,0,0,0) \\ T(0,0.17,0.33,0.5) & T(0.5,0.85,1,1) & T(0,0,0.15,0.5) & T(1,1,1,1) \end{bmatrix} \quad (5-42)$$

$$F_3^{cle} = \begin{bmatrix} T(0.33,0.5,0.67,0.83) & T(0.5,0.85,1,1) & T(0,0.17,0.17,0.33) & T(0,0,0.30,0.36,0.67) \\ T(0.33,0.5,0.67,0.83) & T(0.17,0.43,0.73,1) & T(0.5,0.67,0.67,0.83) & T(0.5,0.85,1,1) \\ T(1,1,1,1) & T(0,0,0.15,0.5) & T(0,0,0.15,0.5) & T(0,0,0,0) \\ T(0.5,0.85,1,1) & T(0.5,0.85,1,1) & T(0,0,0.15,0.5) & T(0.33,0.65,1,1) \end{bmatrix} \quad (5-43)$$

$$F_4^{cle} = \begin{bmatrix} T(0.33,0.64,0.7,1) & T(0.5,0.85,1,1) & T(1,1,1,1) & T(0,0.30,0.36,0.67) \\ T(0.33,0.5,0.67,0.83) & T(0.17,0.43,0.73,1) & T(0.5,0.67,0.67,0.83) & T(0,0.17,0.33,0.5) \\ T(0,0.17,0.17,0.33) & T(0,0,0.15,0.5) & T(0.5,0.85,1,1) & T(0,0.17,0.33,0.5) \\ T(0,0,0.15,0.5) & T(0.5,0.85,1,1) & T(0,0,0.30,0.36,0.67) & T(0.5,0.85,1,1) \end{bmatrix} \quad (5-44)$$

(2) 通过应用公式(5-27)至公式(5-29),群体的共识程度为 $CL = 0.868$。

(3) 共识控制。

由于 $CL = 0.868 < \mu$,进入下一步运算。

(4) 意见产生。

① 由 HLE 软集 $(F_1^{cle}, E), (F_2^{cle}, E), \cdots, (F_f^{cle}, E)$ 计算 θ_W 关联集结 HLE 软集 $(\widetilde{F}^{cle}, E)$。相应的 HLE 软矩阵被标记为 $\widetilde{F}^{cle}$ [见公式 (5-45)]。

$$\widetilde{F}^{cle} = \begin{pmatrix} 在 s_4 和 s_5 之间 & 最少 s_5 & s_2 & 最多 s_4 & 在 s_2 和 s_4 之间 \\ 在 s_4 和 s_5 之间 & 在 s_3 和 s_6 之间 & s_5 & 最少 s_4 & s_6 \\ 在 s_3 和 s_4 之间 & 最多 s_3 & 最多 s_3 & 最少 s_5 & s_0 \\ 在 s_2 和 s_3 之间 & 最少 s_5 & 最多 s_3 & 在 s_2 和 s_4 之间 & 最少 s_4 \end{pmatrix}$$

(5-45)

通过应用公式(5-30),每位专家 t_k 和 $\widetilde{F}^{cle}$ 的近似矩阵 $P_k = (p_{pq}^k)_{i \times j} (k = 1, 2, 3, 4)$ 可以被计算得到:

$$P_1 = \begin{pmatrix} 0.752 & 1 & 0.935 & 1 & 1 \\ 0.786 & 1 & 1 & 1 & 0.935 \\ 0.997 & 1 & 0.773 & 1 & 1 \\ 0.854 & 1 & 1 & 1 & 1 \end{pmatrix}$$

$$P_2 = \begin{pmatrix} 0.915 & 1 & 1 & 1 & 1 \\ 1 & 1 & 1 & 0.786 & 0.935 \\ 0.753 & 1 & 0.896 & 1 & 1 \\ 1 & 1 & 1 & 1 & 0.798 \end{pmatrix}$$

$$P_3 = \begin{pmatrix} 1 & 1 & 1 & 1 & 1 \\ 1 & 1 & 0.331 & 0.902 & 0.935 \\ 0.416 & 1 & 1 & 1 & 1 \\ 0.354 & 1 & 1 & 1 & 1 \end{pmatrix}$$

$$P_4 = \begin{bmatrix} 0.915 & 1 & 1 & 1 & 1 \\ 1 & 1 & 0.669 & 0.902 & 0.419 \\ 1 & 0.854 & 1 & 1 & 0.75 \\ 0.854 & 1 & 1 & 1 & 0.902 \end{bmatrix}$$

② 识别需要被专家修改的意见。

i. 确定方位 (p, q)：由于 $cp_{23} = \min(cp_{ij}) = 0.5$，其中 $i \in \{1, 2, \cdots, m\}$，$j \in \{1, 2, \cdots, n\}$，我们了解到对于候选项 x_2 关于参数 e_3 的意见需要被修改。

ii. 确定需要调整意见的专家：通过应用公式(5-31)，得到 $\overline{p}_{23} = 0.75$。由于 $p_{23}^3 = 0.331 < \overline{p}_{23}$，$p_{23}^4 = 0.669 < \overline{p}_{23}$，专家 t_3 和 t_4 应该修改对于候选项 x_2 关于参数 e_3 的意见/偏好。

③ 确定调整方向。

在这一阶段，$\varepsilon = 0.1$ 是可以接受的边界值，由此所设定的调整规则为：

i. 假如 $\text{Mag}(u_{23}^3) - \text{Mag}(\tilde{u}_{23}) = 0 - 0.669 < -\varepsilon$，那么专家 t_3 应该增加对于候选项 x_2 关于属性 e_3 的意见。

ii. 假如 $\text{Mag}(u_{23}^4) - \text{Mag}(\tilde{u}_{23}) = 1 - 0.669 > \varepsilon$，那么专家 t_4 应该降低对于候选项 x_2 关于属性 e_3 的意见。

④ 假设专家 t_3 增加其评估意见至"在 s_3 和 s_6 之间"，并且专家 t_4 降低其评估意见至"s_4"，此时的共识程度可以被计算为 0.888，没有达到事先设定好的阈值 0.90，进入下一轮。

（5）共识达成。

在第二轮，专家 t_3 被建议减少其对于候选项 x_4 关于参数 e_1 的意见。假设专家 t_3 减少其意见至"在 s_3 和 s_4 之间"，此时的群体共识程度转变为 $0.903 > \mu$，共识达成过程结束。

步骤 4：共识达成过程结束后，被调节过的专家意见形成了 HLE 软集 $(F_1^{cle}, E), (F_2^{cle}, E), \cdots, (F_f^{'cle}, E)$。由这些 HLE 软集获取新的 θ_w 关联集结 HLE 软集 $(F_f^{'cle}, E)$。对应的 HLE 软矩阵被标记为 $F_f^{'cle}$。

$$F_f^{'cle} = \begin{bmatrix} 在s_4和s_5之间 & 最少s_5 & s_2 & 最多s_4 & 在s_2和s_4之间 \\ 在s_4和s_5之间 & 在s_3和s_6之间 & 在s_3和s_6之间 & 最少s_4 & s_6 \\ 在s_3和s_4之间 & 最多s_3 & 最多s_3 & 最少s_5 & s_0 \\ 在s_2和s_3之间 & 最少s_5 & 最多s_3 & 在s_2和s_4之间 & 最少s_4 \end{bmatrix}$$

(5-46)

步骤 5：基于 $(F_f^{'cle}, E)$，我们获得了每个候选项的得分：$S_1 = -0.726$，$S_2 = 5.746$，$S_3 = -4.380$，$S_4 = -0.635$。

步骤 6：最终的决策结果为候选项 x_2。

5.6 算法对比

目前为止，关于用软集的扩展模型解决语言群体决策问题的研究并不多见。其中包含 Sun 等[27]提出的算法1，标记为 Sun 算法。该算法的提出是基于语言值软集的概念。当所有的 CLE 降型为单个语言值术语时，一个 HLE 软集将退化为一个语言值软集。因此，本章节中基于 HLE 软集所提出的算法10也能够处理专家意见为语言术语的语言决策情况。为了将算法10和 Sun 算法进行比较，我们将考虑一个专家意见均为语言值的语言群体决策问题，并分别用这两种算法对其进行处理。基于应用两种决策方法所获取的不同决策结果，我们将阐述所提出算法的优点。

5.6.1 决策问题描述

选址问题是日常生活中一种常见的决策问题。商场选址的合理与否直接关系市场收益及其长期发展。为了扩展市场，一家上海本地服饰公司打算建立一个新的服饰商场。有4个地址 $U = \{x_1 = $ 南京东路，$x_2 = $ 七浦路，$x_3 = $ 淮海中路特色街，$x_4 = $ 徐家汇$\}$ 在该公司的考虑范围内。决策将依据专家 $G = \{t_1, t_2, t_3, t_4\}$ 关于这4个候选地址的语言评论做出。这些专家由富有威望的老员工组成，这些员工拥有最少15年的服饰经营经验，并熟悉当地的相关经营政策。$E = \{e_1 = $ 位置，$e_2 = $ 交通，$e_3 = $ 政府政策扶持，$e_4 = $ 客流量，$e_5 = $ 潜在市场$\}$ 是被这些专家所考虑到的一些属性。对于每个候选地址,关于每个关联的参数,每位专家被允许用语言术语集 $S=\{s_0=$ 极差$,s_1=$ 非常非常差$,s_2=$ 非常差$,s_3=$ 差$,s_4=$ 中等$,s_5=$ 好$,s_6=$ 非常好$,s_7=$ 非常非常好$,s_8=$ 极好$\}$ 中的术语表达其观点。4 位专家所提供的所有信息能够构成 4 个语言软集合,公式(5-47)至公式(5-50)为相应的语言值软矩阵。

$$F_1^L = \begin{pmatrix} s_6 & s_5 & s_4 & s_0 & s_8 \\ s_8 & s_1 & s_2 & s_5 & s_2 \\ s_3 & s_8 & s_2 & s_0 & s_2 \\ s_2 & s_8 & s_3 & s_1 & s_3 \end{pmatrix} \tag{5-47}$$

$$F_2^L = \begin{pmatrix} s_5 & s_5 & s_4 & s_0 & s_8 \\ s_8 & s_1 & s_2 & s_0 & s_1 \\ s_5 & s_8 & s_2 & s_0 & s_2 \\ s_2 & s_8 & s_3 & s_1 & s_4 \end{pmatrix} \tag{5-48}$$

$$F_3^L = \begin{pmatrix} s_6 & s_8 & s_4 & s_0 & s_1 \\ s_8 & s_1 & s_2 & s_0 & s_1 \\ s_8 & s_8 & s_2 & s_0 & s_2 \\ s_2 & s_8 & s_3 & s_1 & s_4 \end{pmatrix} \tag{5-49}$$

$$F_4^L = \begin{pmatrix} s_8 & s_6 & s_4 & s_0 & s_8 \\ s_8 & s_6 & s_2 & s_0 & s_1 \\ s_3 & s_8 & s_2 & s_0 & s_2 \\ s_2 & s_8 & s_3 & s_1 & s_4 \end{pmatrix} \tag{5-50}$$

5.6.2 用 Sun 算法处理决策问题

文献[27]中所用到的语言术语集是关于中间术语 s_0 对称的,然而,为了使 Sun 算法和算法 2 的比较能够可行,这里我们对于语言术语集做出细微的调整,即将 s_4 作为中间术语,将 s_0 作为最小术语。这样的调整不会对算法的应用造成干扰。在本章节中,用语言术语集 $S=\{s_0,\cdots,s_4,\cdots,s_8\}$ 取代文献[27]中的语言术语集 $S=\{s_{-4},\cdots,s_0,\cdots,s_4\}$,语言术语集中术语的个数并未发生变化,转换函数 $-1\triangle s_0$ 和 $1\triangle s_8$ 被用来取代文献[27]中的转换函数 $-1\triangle s_{-4}$ 和 $1\triangle s_4$。所有的运算,例如乘积运算,都可以文献[27]中的方式得以运用。如此一来,这些调整并不会对决策结果产生影响,从而使得算法的对比行之有效。

将专家 t_j 所考虑的参数集标记为 t_j^E,由于所有专家考虑到的参数都相同,可以获得选择值矩阵(见文献[27]中的定义11),为 $C_{(t_k^E,\cap_{j=1,j\neq k}^{|G|}t_j^E)}(k=1,2,3,4)$:

$$C_{(t_k^E,\cap_{j=1,j\neq k}^{|G|}t_j^E)}=\begin{pmatrix}1&1&1&1&1\\1&1&1&1&1\\1&1&1&1&1\\1&1&1&1&1\end{pmatrix} \qquad(5\text{-}51)$$

转换函数 $-1\triangle s_0$ 和 $1\triangle s_8$ 将被采纳用于处理选择值矩阵,从而执行语言值软集上的乘法运算(见文献[27]中的定义2)。对于每个专家 $t_k(k=1,2,3,4)$,乘积运算的结果为:

$$P_k^L=F_k^L\otimes C_{(t_k^E,\cap_{j=1,j\neq k}^{|G|}t_j^E)}=\begin{pmatrix}s_8&s_8&s_8&s_8&s_8\\s_8&s_8&s_8&s_8&s_8\\s_8&s_8&s_8&s_8&s_8\\s_8&s_8&s_8&s_8&s_8\end{pmatrix} \qquad(5\text{-}52)$$

同时,当所有专家考虑的参数集相同时,专家的权重很容易被计算得到相同的结果(见文献[27]中的定义13)。四位专家的权重为 $W=(w_1,w_2,w_3,w_4)=(0.25,0.25,0.25,0.25)$,加权求和的运算结果为:

$$P^L=\sum_{k=1}^{|G|}w_kP_k^L=\begin{pmatrix}s_8&s_8&s_8&s_8&s_8\\s_8&s_8&s_8&s_8&s_8\\s_8&s_8&s_8&s_8&s_8\\s_8&s_8&s_8&s_8&s_8\end{pmatrix} \qquad(5\text{-}53)$$

根据 Sun 算法,决策可以基于 P^L 获取。然而,可以观察到聚合结果 P^L 和每位专家所提供的意见相去甚远。例如,每位专家对于候选者 x_2 关于参数 e_3 的意见总是 s_2,然而在 P^L 中的聚合结果为 s_8,和大多数专家的意见都不同。此外,由于对于所有候选项的排序函数都相同,即 $R_{FL(x_i)}=s_8$,$i=1,2,3,4$,我们无法由 P^L 获取任何决策结果。

5.6.3 用算法 10 处理决策问题

这里我们采用了和[例 5-2]中相同的权重向量来开展 HLE 软集上的聚合运算。群体决策问题与[例 5-2]中的问题相似,因此在这里仅仅给出一个简要描述:

专家最初的共识程度为 0.891。在共识达成过程中,在第一轮,t_4 将被建议增加其对于候选项 x_1 关于参数 e_5 的意见。此时,对于候选项 x_1 关于参数 e_5 的群体意见为 s_6,而专家 t_4 所提供的意见为 s_1。假设专家 t_4 将意见由 s_1 提高为 s_6,则新的共识程度达到了 0.912。

在共识达成之后,对应于 θ_w 关联集结 HLE 软集($\widetilde{F}^{'cle}$, E) 的 HLE 软矩阵 $\widetilde{F}^{'cle}$ 可以用公式(5-54)进行表示,由此可以获得选项的得分:$S_1=3.826$,$S_2=-4.699$,$S_3=-2.684$,$S_4=3.557$。显然,最优候选者为 x_1。用算法 2 处理这个问题,很容易可以获取决策结果:"南京东路"为所要选择的新购物广场的建设地点。

$$\widetilde{F}^{'cle}=\begin{pmatrix} s_6 & s_5 & s_4 & s_0 & s_6 \\ s_8 & s_1 & s_2 & s_0 & s_1 \\ s_3 & s_8 & s_2 & s_0 & s_2 \\ s_2 & s_8 & s_3 & s_1 & s_4 \end{pmatrix} \quad (5-54)$$

5.6.4 比较分析

基于由算法 10 和 Sun 算法所获取的决策结果,我们给出以下比较分析:

(1) 通过上述例子可以看出,一些群体决策问题,当 Sun 算法无法顺利解决时,算法 10 可以很容易解决。

（2）Sun算法是基于语言值软集提出的,算法10是基于HLE软集提出的。由此,Sun算法仅能用于解决专家意见是单独语言术语的决策问题,算法10可以用于专家意见是CLE或单独语言术语的决策情境。

（3）尽管在文献[27]中提到了共识的概念,专家的意见并没有依据多数意见进行修改,从而使得整体专家意见更加和谐。在所提出的算法中,通过引入一个共识模型,偏离多数专家意见最多的专家意见被修改,从而达成了共识目标。

（4）Sun算法应用了虚拟术语的概念(详见文献[27]中4.3小节中的例子),而虚拟术语并不对应真实的语言值,其具体语义[78]很难被断定,因此一些研究者认为Sun算法不服从模糊语言方法。而在算法10中,仅有具体的语言值及其语义被应用到了计算过程。

表5-7将这些比较进行了总结。由比较分析可知,算法10在处理语言群体决策问题方面比Sun算法更具有优越性。

表5-7 算法10和Sun算法的比较

方法	模型	信息形式	共识达成情况	决策结果的获取
Sun算法	语言值软集	语言术语	共识未达成	在一些情况下无法获取决策结果
算法10	HLE软集	CLE	共识达成	能获取决策结果

5.7 本章小结

日常生活中的决策问题往往包含语言信息。现有的软集混合模型无法很好地处理犹豫环境下的复杂的语言信息。通过将软集理论与模糊语言方法进一步结合,我们定义了一种软集的新的扩展模型——CLE软集。CLE软集作为语言值软集的一种扩展模型,既可以处理形式为单独语言术语的语言信息,也可以处理形式为比较语言表述的语言信息,从而便于决策者合理地利用对于候选对象的语言评估。使用转换函数,CLE软集中的语言信息可以被转化为HFLTS。通过使用HFLTSs的模糊包络,可以很灵活地开展基于CLE软集的词计算过程。在研究了CLE软集的基本运算后,我们提供了基于CLE软集多属性决策算法,并通过具体例子对算法的运算过程进行了说明。

第6章
基于不完备模糊软集的缺失数据预测方法

本章首先回顾不完备模糊软集的概念,用不完备模糊软集描述不完备数据集并预测缺失数据的办法,继而分析现有基于不完备模糊软集预测缺失数据方法的局限性,提出一种可以克服这些局限性的改良方法,最后利用模糊集之间的相似性度量,进一步挖掘不完备模糊软集中数据之间的隐藏关系,从而提出一种预测缺失数据的新方法。

6.1 不完备模糊软集

不完备数据集,即包含缺失值的数据集,在生活中随处可见。不完备数据集的形成原因是多种多样的,我们在这里列举了一些可能导致数据缺失的原因:

(1) 在数据采集的过程中,一些人为因素可能导致数据的遗漏。例如,在一次问卷调查的过程中,如果调查对象忽略了问卷中的部分问题,或者误解了其中的一些问题,都会导致部分调查结果丢失或者无效。

(2) 针对一些对象,它们相应于一些属性的描述值可能是不存在或者不合理的。例如,假设一个酒吧发生了命案,警察需要统计在场嫌疑人的身份证号码,而不满16周岁的未成年人很可能没有这项信息。

(3) 由于情况紧急等客观原因,无法在规定时间内有效获取一些信息。例如,假设一个城市发生了恐怖袭击,新闻记者需要向市民实时追踪报导死亡人数,然而由于交通受阻,工作人员无法对死亡人数进行即时并有效的统计。

(4) 由于技术或设备落后,在数据测量过程中无法避免的微小误差,也有可能导致数据的缺失。

一个软集等价于一个信息系统。那么,包含缺失信息的数据集可以用软集

第6章 基于不完备模糊软集的缺失数据预测方法

的形式进行呈现。包含缺失信息(不完备信息)的软集被称为不完备软集,包含缺失信息(不完备信息)的模糊软集被称为不完备模糊软集。

以下我们简要对不完备模糊软集的概念进行说明。

设 $U=\{x_1,x_2,\cdots,x_m\}$ 是由对象构成的集合,$E=\{e_1,e_2,\cdots,e_n\}$ 是与 U 中的对象相关的属性,(F,A) 是定义在 U 上的模糊软集,其中属性集 $A \subseteq E=\{e_1,e_2,\cdots,e_n\}$。在本章节中,对应于 $x_i \in U$,$e_l \in A$ 的隶属函数值表示为 h_{il}。如果模糊软集 (F,A) 对应的表格中存在未知量,那么该模糊软集被称为一个不完备模糊软集,未知数据被标记为 *。例如,在表6-1所表示的模糊软集中,对象 x_2,x_3 对应于属性 e_2 的隶属函数值都是未知量,未知量用 * 表示,那么,$h_{22}=*$ 且 $h_{32}=*$。

表 6-1 不完备模糊软集 (F,A)

U	e_1	e_2	e_3	e_4	e_5	e_6
x_1	0.9	0.4	0.5	0.4	0.8	0.8
x_2	0.8	*	0.5	0.7	0.6	0.3
x_3	0.4	*	0.9	0.9	0.5	0.9
x_4	0.9	0.8	0.9	0.4	0.7	0.5

将不完备模糊软集转化为完备模糊软集的最简单方法,是将与缺失数据相关的参数和对象都删除,也就等同于,不再考虑这些缺失信息。然而,这种方式显然会导致大量有效信息的流失。与此相反,另一种将不完备模糊软集转化为完备的模糊软集的有效方法,是通过已知数据对未知数据进行预测,即进行信息填充。

Zou 和 Xiao[52]于 2008 年首次提出了一种"加权平均"方法,用于预测不完备软集中的缺失数据。然而,该方法只适用于对某对象关于所有属性的隶属函数值的和进行预测,而不能预测出具体的未知量。因此,该方法的适用范围很有限,只能用于解决基于不完备软集的决策问题。对于不完备模糊软集中的缺失数据,Zou 和 Xiao[52]提出了一种"平均-可能"方法来进行预测。虽然通过该方法能够预测得到具体的未知量,但是得到的所有对象关于同一个属性的、所有未知量的预测结果都是相同的。也就是说,该方法的预测结果缺乏精确性。Qin 等[110]在 2012 年提出了另一种基于不完备软集的数据预测/信息填充办法。然而,该方法并不适用于不完备模糊软集的情况。

Deng 和 Wang[111]在 2013 年提出了一种"对象-参数"预测方法(本书中,我们称之为"Deng-Wang 方法"),用于对不完备模糊软集中的缺失数据进行预测。Deng 和 Wang[111]利用"距离"和"平均控制程度"这两个概念揭示了数据之间的隐含关系,从而能够对未知量进行预测。相较于前文所提到的"加权平均"方法和"平均-可能"预测方法,Deng-Wang 方法具有以下三个主要优势:

(1) 假设同一对象相对于不同的属性的隶属值存在多个未知量,这些未知量的预测结果可以被明确区分;

(2) 在预测的过程中不仅考虑了对象之间的关联关系,也考虑了参数之间的关联关系,从而更充分地利用了数据间的隐藏信息;

(3) 不仅适用于不完备软集中未知量的预测,也适用于不完备模糊软集中未知量的预测。

与此同时,Deng-Wang 方法仍然存在着两个主要缺陷:

(1) 未知量的预测结果可能不在[0,1]区间内;

(2) 虽然考虑了对象之间的关联关系、参数之间的关联关系,但这些关联关系并没有在未知量的预测过程中被合理利用。

6.2 Deng-Wang 方法

本节首先对 Deng-Wang 方法进行简单回顾,继而通过算例深入分析 Deng-Wang 方法的局限性,最后将提供一个针对 Deng-Wang 方法的改进办法。

6.2.1 Deng-Wang 方法的定义

首先设定 $U_k = \{i \mid h_{ik} \neq *, 1 \leqslant i \leqslant m\}$,并且设定 $\frac{0}{0} = 0$。考虑一个在论域 U 上的模糊软集 (F, E),并假设 h_{jl} 是该模糊软集中的缺失值。

定义 6.2.1 [111]假设 U 为对象所构成的论域,E 为与论域中对象相关的参数所构成的集合,(F, E) 为论域 U 上的一个模糊软集。对于论域 U 中的对象 x_i,x_j 和参数集合中的参数 e_k,如果 h_{ik} 和 h_{jk} 是已知量,那么由对象 x_i 到对象

x_j 关于参数 e_k 的距离 d_{jk}^{ik} 可被定义为：

$$d_{jk}^{ik} = \frac{h_{ik} - h_{jk}}{\sum_{l \in U_k} |h_{lk} - h_{jk}|}. \qquad (6-1)$$

进一步地，由对象 x_i 到对象 x_j 关于所有参数的平均距离 d_{ij} 可被定义为：

$$d_{ij} = \frac{\sum_{k=1}^{n} d_{jk}^{ik}}{|\{k \mid (i \in U_k) \wedge (j \in U_k)\}|}. \qquad (6-2)$$

d_{jk}^{ik} 所度量的是对象 x_i 到对象 x_j 关于个别参数 e_k 的距离，而距离 d_{ij} 所度量的是对象 x_i 到对象 x_j 关于所有参数的平均距离。

基于两个对象之间关于所有参数的平均距离，可以由已知量 h_{il} 对未知量 h_{jl} 进行预测，预测结果被标记为 h_{jl}^{object}：

$$h_{jl}^{object} = \frac{\sum_{i \in U_l} (h_{il} - d_{ij})}{|U_l|}. \qquad (6-3)$$

定义 6.2.2 [111] 假设 U 为对象所构成的论域，E 为与论域中对象相关的参数所构成的集合，(F, E) 为论域 U 上的一个不完备的模糊软集。x_i 是论域 U 中的对象，e_k, e_l 是参数集合 E 中的参数。假设在这个不完备软集中，h_{ik} 和 h_{il} 是已知量。关于对象 x_i，参数 e_k 对参数 e_l（关于对象 x_i）的相对控制程度 r_{il}^{ik} 可被定义为：

$$r_{il}^{ik} = \frac{h_{ik} - h_{il}}{h_{ik} + h_{il}}. \qquad (6-4)$$

定义 6.2.3 [111] 假设 U 为对象所构成的论域，E 为与论域中对象相关的参数所构成的集合，(F, E) 为论域 U 上的一个不完备的模糊软集。对于参数集合 E 中的参数 e_k, e_l，参数 e_k 对参数 e_l 的绝对控制程度 c_{kl} 可被定义为：

$$c_{kl} = \frac{\sum_{i \in U_k \cap U_l} r_{il}^{ik}}{|U_k \cap U_l|}. \qquad (6-5)$$

同时，参数 e_k 对参数 e_l 的平均控制程度 v_{kl} 被定义为：

$$v_{kl} = \frac{c_{kl}}{\sum_{q|U_q \cap U_l \neq \emptyset} |c_{ql}|}. \tag{6-6}$$

定义平均控制程度是为了衡量在一个不完备模糊软集中不同参数之间的关系。基于平均控制程度，依据关于对象 x_j 的参数之间的关系，未知量 h_{jl} 可以由以下公式进行预测：

$$h_{jl}^{parameter} = \frac{\sum_{k \in G_j}(h_{jk} - v_{kl})}{|G_j|}, \tag{6-7}$$

其中，$G_j = \{k \mid (h_{jk} \neq *) \wedge (U_k \cap U_l \neq \emptyset), 1 \leqslant k \leqslant n\}$。

最终，未知量 h_{jl} 的最终预测结果为 h_{jl}^{object} 和 $h_{jl}^{parameter}$ 的加权平均值。

$$h_{jl} = w_1 \times h_{jl}^{object} + w_2 \times h_{jl}^{parameter}, \tag{6-8}$$

其中，w_1 和 w_2 分别代表了"对象之间的关系"和"参数之间的关系"对于未知量预测的不同影响作用。

假设 (F,E) 是论域 U 上的模糊软集，h_{jl} 是该模糊软集中的一个未知量。根据以上定义，Deng 和 Wang[111] 提出了一种预测不完备模糊软集中缺失数据的预测算法（见算法 11）。

算法 11[111]

[步骤1]　对于任意对象 $x_i \in U$ 以及任意参数 $e_k \in E$，由公式(6-1)和公式(6-2)可以计算得到 d_{jk}^{ik} 和 d_{ij} 的值。从而，基于软集中不同对象之间的关系，由公式(6-3)可以对未知量 h_{jl} 进行预测，即 h_{jl}^{object}。

[步骤2]　根据公式(6-4)至公式(6-6)，分别计算出 r_{il}^{ik}，c_{kl} 和 v_{kl} 的值。

[步骤3]　根据软集中不同参数之间的关系，由公式(6-7)对未知量 h_{jl} 的值进行预测，即 $h_{jl}^{parameter}$。

[步骤4]　给定一组权重 w_1,w_2，分别代表对象之间的关系和参数之间的关系对于未知量预测的作用权重，从而得到未知量 h_{jl} 的最终预测结果。

6.2.2 Deng-Wang 方法的局限性

下面,我们通过一个例子来说明 Deng-Wang 方法的局限性。

【例 6-1】 表 6-2 所示,是一个不完备模糊软集。在这个不完备模糊软集中,包括 6 个对象和 7 个参数,共有 5 个需要被预测的未知数据,用符号 * 进行表示。

表 6-2 不完备模糊软集

U	e_1	e_2	e_3	e_4	e_5	e_6	e_7
x_1	0.9	0.4	0.1	0.9	0.6	0.3	0.4
x_2	0.8	0.6	0.5	*	0.5	0.3	0.3
x_3	*	0.8	0.9	*	0.9	0.9	0.9
x_4	0.9	0.8	0.9	0.8	*	0.8	0.9
x_5	0.9	0.2	0.2	0.6	0.3	0.4	*
x_6	0.9	0.2	0.4	0.4	0.4	0.3	0.3

接下来,我们应用算法 11,对表格 6-2 中的未知数据进行预测:

由公式(6-1)至公式(6-3),可以得到 $d_{13} \approx -0.253$, $d_{23} \approx -0.221$, $d_{43} \approx -0.011$, $d_{53} \approx -0.292$, $d_{63} \approx -0.299$,那么,$h_{31}^{object} \approx 1.095$。

由公式(6-4)至公式(6-7),可以得到 $c_{21} \approx -0.448$, $c_{31} \approx -0.410$, $c_{51} \approx -0.329$, $c_{61} \approx -0.380$, $c_{71} \approx -0.335$, $v_{21} \approx -0.247$, $v_{31} \approx -0.212$, $v_{51} \approx -0.170$, $v_{61} \approx -0.197$, $v_{71} \approx -0.173$,那么,$h_{31}^{parameter} \approx 1.080$。

在这种情形下,无论我们怎样就对象之间的关系以及参数之间的关系对于预测结果的不同作用设定权重,由公式(6-8)得出的结论都是 $h_{31} > 1$,这显然是不合理的。

为了更好地理解 Deng-Wang 方法在未知数值预测的过程中出现不合理现象的原因,我们需要对 Deng-Wang 方法的预测原理进行深入的分析:

假设 h_{jl} 是在不完备模糊软集 (F, E) 中的一个缺失数据。为了基于对象之间的关系对 h_{jl} 进行预测,Deng 和 Wang[125]首先用公式(6-2)计算出由每个对象到对象 x_j 的、关于所有参数的平均距离,该平均距离是可正可负的。为了由

已知值 h_{il} 预测未知值 h_{jl}，需要将平均距离 d_{ij}（d_{ij} 表示由 x_i 到 x_j 的平均距离）从已知值 h_{il} 中减去。那么由每一个已知值 h_{il}（$h_{il} \neq *$，$i \in \{1,2,\cdots,m\}$），都可以得到一个关于缺失值 h_{jl} 的预测结果，最后通过公式对这些预测结果进行平均。由于对于每一个已知值 h_{il}（$h_{il} \neq *$，$i \in \{1,2,\cdots,m\}$），$h_{il}-d_{ij}$ 的结果都可能比 1 大，那么难免这些预测值的平均值可能比 1 大，也就是说，h_{jl}^{object} 的值可能大于 1。

接下来，为了基于参数之间的关系对于缺失数据 h_{jl} 进行预测，Deng-Wang 方法首先计算了每个参数对于参数 e_l 的所谓的"相对控制程度""绝对控制程度"和"平均控制程度（v_{kl}）"。为了由已知量 h_{jk} 预测未知量 h_{jl}，用 h_{jk} 减去所谓的"平均控制程度"。由每一个已知量 h_{jk}（$h_{jk} \neq *$，$k \in \{1,2,\cdots,n\}$），可以获得对于未知量 h_{jl} 的一个预测值。最后，由公式(6-7)计算这些预测值的平均数。由于对于每一个值 h_{jk}（$h_{jk} \neq *$，$k \in \{1,2,\cdots,n\}$），$h_{jk}-v_{kl}$ 的值都可能比 1 大，那么自然这些预测值的平均值也可能比 1 大，也就是说，$h_{jl}^{parameter}$ 的值可能大于 1。

事实上，由公式(6-4)所计算的"相对控制程度"度量的是一个对象关于两个参数所对应的数值之间的距离，由公式(6-5)所计算的"绝对控制程度"度量的是所有对象关于两个参数之间的距离的平均值，由公式(6-6)所计算的"平均控制程度"度量的是所有两两参数对应的数值之间的平均距离。也就是说，Deng-Wang 方法尽管定义了"控制程度"的概念，但在缺失数值预测的实际过程中并没有将"平均距离"和"控制程度"的概念加以区分。

此外，公式(6-3)和公式(6-5)中的平均值运算，忽略了不同参数对一个固定参数的不同影响作用。同样的，不同对象对一个固定对象的影响作用也可能是不同的，公式(6-5)由于采取了平均值运算的方法，忽略了这种影响作用的不同。我们举一个简单的例子来说明，假设 h_{jl} 是一个未知的数值，$h_{jl}^1 = h_{il} - d_{ij}$ 表示根据对象 x_i 和对象 x_j 之间的距离 d_{ij}，由已知量 h_{il} 对未知量 h_{jl} 所作出的预测。同样，$h_{jl}^2 = h_{i'l} - d_{i'j}$ 表示根据对象 x_i' 和对象 x_j 之间的距离 $d_{i'j}$，由已知量 $h_{i'l}$ 对未知量 h_{jl} 所作出的预测。如果对象 x_i 和 x_i' 对于对象 x_j 有着不同的影响作用，那么，在由已知数据预测未知数据的过程中，已知数据 h_{jl}^1 和

h_{jl}^2 就应该对未知数据 h_{jl}^{object} 的预测结果产生不同的作用。也就是说,在计算 h_{jl}^{object} 时,应对 h_{jl}^1 和 h_{jl}^2 设定不同的权重,而不能像公式(6-3)中的方法一样只是计算平均值。

基于以上的讨论,我们将提出一种改进 Deng-Wang 方法的办法。在改进办法中,"平均距离"和"控制程度"的概念被重新定义并加以区分。平均距离用于表示数据间的差异;控制程度用于表示在由已知数据预测未知数据的过程中,不同已知数据对同一未知数据不同的预测作用,或者说,控制程度的概念会被重新定义为,在数据预测过程中,一个未知数据可以由一个已知数据所决定的可能性程度。以表 6-2 中的数据为例,为了利用参数 e_5 和 e_6 之间的关系,由已知数据 $h_{46}(h_{46} \neq *)$ 对未知数据 $h_{45}(h_{45} = *)$ 进行预测,假设 c_{65} 是从参数 e_6 到参数 e_5 的平均距离,c_{65} 是参数 e_6 对于参数 e_5 的控制程度,那么由已知数据 h_{46} 对未知数据 h_{45} 进行预测的结果为 $h_{46} - c_{65}$。而控制程度 c_{65} 表示的是 h_{45} 可以由 h_{46} 去进行预测的可能性程度,也就是说,h_{45} 的真实值为 $h_{46} - c_{65}$ 的可能性。此外,使用改进方法对未知数据进行预测的预测结果是在[0,1]区间以内的。

6.3 改进后的 Deng-Wang 方法

考虑 U 上一个不完备的模糊软集 (F, E),假设该模糊软集中 h_{jl} 是一个缺失数据。令 $U_l = \{i \mid h_{il} \neq *, 1 \leqslant i \leqslant m\}$,$E_i = \{l \mid h_{il} \neq *, 1 \leqslant l \leqslant n\}$,显然 $U_l \subseteq U$,$E_i \subseteq E$。此外,为了处理计算过程中可能出现的分母为零的情况,设定 $\frac{0}{0} = 0$。

定义 6.2.4 (F, E) 是论域 U 上的一个模糊软集,对于对象 $x_i, x_j \in U$ 和参数 $e_k \in U$,如果 h_{ik} 和 h_{jk} 是已知的,那么由对象 x_i 到对象 x_j 关于参数 e_k 的距离被定义为

$$d_{jk}^{ik} = h_{ik} - h_{jk}. \tag{6-9}$$

进一步地,由对象 x_i 到对象 x_j 关于所有参数的平均距离(简称由对象 x_i 到对象 x_j 的平均距离)被定义为

$$d_{ij} = \frac{\sum_{k \in E_i \cap E_j} d_{jk}^{ik}}{|E_i \cap E_j|}, \tag{6-10}$$

$h_{ik}, h_{jk} \in [0, 1]$,那么由公式(6-9)和公式(6-10)我们很容易得到 $d_{jk}^{ik} \in [-1, 1]$ 并且 $d_{ij} \in [-1, 1]$。

注: 值得注意的是,计算从一个数值到另一个数值的距离的方法有很多。公式(6-1)和公式(6-9)都可以被用来计算由 h_{ik} 到 h_{jk} 的距离。这里,为了计算的简便性,我们使用的是公式(6-9)。

由已知数据 h_{il} 对未知数据 h_{jl} 进行预测,预测的结果可以表示为 $h_{jl}^{il'}$,计算公式如下:

$$h_{jl}^{il'} = h_{il} - d_{ij}, \tag{6-11}$$

$d_{ij} \in [-1, 1]$,由公式(6-11)很容易得到 $h_{jl}^{il'} \in [h_{il} - 1, h_{il} + 1]$。为了确保预测结果在[0, 1]区间内,我们采用如下方式对公式(6-11)进行正规化:

$$h_{jl}^{il} = \begin{cases} h_{il} & if \quad d_{ij} = 0; \\ h_{il} - d_{ij} \dfrac{1 - h_{il}}{(h_{il} + 1) - h_{il}}, & if \quad -1 \leqslant d_{ij} < 0; \\ h_{il} - d_{ij} \dfrac{h_{il} - 0}{h_{il} - (h_{il} - 1)}, & if \quad 1 \geqslant d_{ij} > 0, \end{cases} \tag{6-12}$$

即

$$h_{jl}^{il} = \begin{cases} h_{il}, & if \quad d_{ij} = 0; \\ h_{il} - d_{ij} + d_{ij} h_{il}, & if \quad -1 \leqslant d_{ij} < 0; \\ h_{il} - d_{ij} h_{il}, & if \quad 1 \geqslant d_{ij} > 0. \end{cases} \tag{6-13}$$

引理 II 由公式(6-13)计算得到的 h_{jl}^{il} 的值在[0, 1]区间以内。

证明: (1)假设 $d_{ij} = 0$,由于 $0 \leqslant h_{il} \leqslant 1$,可以得到 $0 \leqslant h_{jl}^{il} = h_{il} \leqslant 1$。

(2) 假设 $-1 \leqslant d_{ij} < 0$,由于 $-1 \leqslant h_{il} - 1 \leqslant 0$ 并且 $0 \leqslant 1 + d_{ij} \leqslant 1$,有 $h_{il} - d_{ij} + d_{ij} h_{il} = h_{il} + d_{ij}(h_{il} - 1) \geqslant h_{il}$ 并且 $h_{il} - d_{ij} + d_{ij} h_{il} - 1 = h_{il}(1 + d_{ij}) - (1 + d_{ij}) = (h_{il} - 1)(1 + d_{ij}) \leqslant 0$,即 $h_{il} - d_{ij} + d_{ij} h_{il} \leqslant 1$,由此可得 $h_{il} \leqslant$

$h_{jl}^{il} \leqslant 1$。同时,由于 $h_{jl}^{il}=h_{il}-d_{ij}+d_{ij}h_{il}=(h_{il}-1)d_{ij}+h_{il}$ 并且 $-1 \leqslant h_{il}-1 \leqslant 0$,可知预测值 h_{jl}^{il} 随着 d_{ij} 的增加而单调递增。如果 d_{ij} 达到了最小值 -1,那么 $h_{jl}^{il}=h_{il}-d_{ij}+d_{ij}h_{il}=1$。

(3) 假设 $1 \geqslant d_{ij} \geqslant 0$,由于 $0 \leqslant h_{il} \leqslant 1$ 并且 $0 \leqslant 1-d_{ij} < 1$,可得 $h_{il} \geqslant h_{il}-d_{ij}h_{il}=h_{il}(1-d_{ij}) \geqslant 0$,即 $h_{il} \geqslant h_{jl}^{il} \geqslant 0$。显然,$h_{jl}^{il}=h_{il}-d_{ij}h_{il}$ 的值随着 d_{ij} 的增加而单调递减。如果 d_{ij} 的值达到了最大值 1,那么 $h_{jl}^{il}=h_{il}-d_{ij}h_{il}=0$。

定义 6.2.5 (F,E) 是论域 U 上的模糊软集。对于 $\forall x_i, x_j \in U$,用 d_{ij} 表示由对象 x_i 到对象 x_j 的距离,那么对象 x_i 对对象 $x_j (i \neq j)$ 的控制程度被定义为

$$D_{ij}=\frac{1-|d_{ij}|}{\sum_{\langle p | E_p \cap E_j \neq \varnothing, 1 \leqslant p \leqslant m, p \neq j \rangle}(1-|d_{pj}|)}. \quad (6-14)$$

令 $M_l = \{i \mid (h_{il} \neq *) \wedge (E_i \cap E_j \neq \varnothing), 1 \leqslant i \leqslant m\}$,对象 x_i 对对象 x_j 关于参数 e_l 的控制程度被定义为

$$D_{jl}^{il}=\frac{1-|d_{ij}|}{\sum_{p \in M_l}(1-|d_{pj}|)}. \quad (6-15)$$

用于计算一个对象对于另一个对象的控制程度的方法有许多,这里我们仅通过公式(6-14)提供了一种计算方法。由公式(6-14)可以看出,对象 x_i 和对象 x_j 之间的距离 $|d_{ij}|$ 越小,意味着对象 x_i 对对象 x_j 的控制程度越小。

由公式(6-15)所计算的相对控制程度 D_{jl}^{il} 可用来度量由已知数据 $h_{il}(h_{il} \neq *)$ 对未知数据 $h_{jl}(h_{jl}=*)$ 进行预测的可能性。对于参数 $e_l \in E$ 来说,如果有且仅有一个对象 x_j 使得该对象关于参数 e_l 的隶属程度 h_{jl} 是未知的,那么相对控制程度退化为对象 x_i 对对象 x_j 的控制程度,即 $D_{jl}^{il}=D_{ij}$。

根据相同参数不同对象的隶属程度值之间的关系,未知量 h_{jl} 可以由公式(6-16)进行预测:

$$h_{jl}^{object} = \sum_{i \in M_l} h_{jl}^{il} \times D_{jl}^{il}. \tag{6-16}$$

定义 6.2.6 (F, E) 是论域 U 上的不完备模糊软集，令 $x_i \in U$, $e_k, e_l \in E$，并且 h_{ik} 和 h_{il} 是已知数据，由参数 e_k 到参数 e_l 关于对象 x_i 的距离被定义为

$$c_{il}^{ik} = h_{ik} - h_{il}. \tag{6-17}$$

进一步地，由参数 e_k 到参数 e_l 关于所有对象的平均距离被定义为

$$c_{kl} = \frac{\sum_{i \in U_k \cap U_l} c_{il}^{ik}}{|U_k \cap U_l|}. \tag{6-18}$$

由于 $h_{ik}, h_{il} \in [0, 1]$，很容易由公式(6-17)和公式(6-18)计算得到 $c_{il}^{ik} \in [-1, 1]$ 和 $c_{kl} \in [-1, 1]$。

注：公式(6-4)和公式(6-17)可以被用来度量由 h_{ik} 到 h_{il} 的距离。这里，为了计算简便，我们选择公式(6-17)对该距离进行度量。

考虑从参数 e_k 到参数 e_l 的平均距离，未知数据 h_{jl} 可以通过公式(6-19)由已知数据 h_{jk} 进行预测：

$$h_{jl}^{jk'} = h_{jk} - c_{kl}, \tag{6-19}$$

$c_{kl} \in [-1, 1]$，由公式(6-19)很容易得到 $h_{jl}^{jk'} \in [h_{jk} - 1, h_{jk} + 1]$。为了保证预测值在$[0, 1]$区间以内，我们将公式(6-19)正规化如下：

$$h_{jl}^{jk} = \begin{cases} h_{jk}, & if \quad c_{kl} = 0; \\ h_{jk} - c_{kl} \dfrac{1 - h_{jk}}{(h_{jk} + 1) - h_{jk}}, & if \quad -1 \leqslant c_{kl} < 0; \\ h_{jk} - c_{kl} \dfrac{h_{jk} - 0}{h_{jk} - (h_{jk} - 1)}, & if \quad 1 \geqslant c_{kl} > 0. \end{cases} \tag{6-20}$$

即

$$h_{jl}^{jk} = \begin{cases} h_{jk}, & if \quad c_{kl} = 0; \\ h_{jk} - c_{kl} + c_{kl} h_{jk}, & if \quad -1 \leqslant c_{kl} < 0; \\ h_{jk} - c_{kl} h_{jk}, & if \quad 1 \geqslant c_{kl} > 0. \end{cases} \tag{6-21}$$

引理Ⅲ 由公式(6-21)计算得到的 h_{jl}^{jk} 在[0，1]区间内。

证明： 该证明可由引理Ⅱ的证明类似得到。

定义 6.2.7 参数 e_k 对于参数 $e_l(k \neq l)$ 的控制程度被定义为

$$C_{kl} = \frac{1-|c_{kl}|}{\sum_{\{q|U_q \cap U_l \neq \varnothing, 1 \leqslant q \leqslant n, q \neq l\}}(1-|c_{ql}|)}. \tag{6-22}$$

令 $G_j = \{k \mid (h_{jk} \neq *) \wedge (U_k \cap U_l \neq \varnothing), 1 \leqslant k \leqslant n\}$，参数 e_k 对于参数 e_l 关于对象 x_j 的相对控制程度被定义为

$$C_{jl}^{jk} = \frac{1-|c_{kl}|}{\sum_{q \in G_j}(1-|c_{ql}|)}. \tag{6-23}$$

计算一个参数对于另一个参数的控制程度的方法有许多种，在这里我们仅通过公式(6-22)提供了一种计算方法。由公式(6-22)可知，参数 e_k 和参数 e_l 之间的距离 $|c_{kl}|$ 越大，那么 e_k 对于 e_l 的控制程度越小。

由公式(6-23)所计算的相对控制程度 C_{jl}^{jk} 用于描述未知量 $h_{jl}(h_{jl} = *)$ 可以由已知量 $h_{jk}(h_{jk} \neq *)$ 进行预测的可能性。对于对象 $x_j \in U$，如果存在且仅存在一个参数 e_l，使得 x_j 关于参数 e_l 的隶属程度 h_{jl} 是不确定的，那么相对控制程度退化为参数 e_l 对于参数 e_l 的控制程度，即 $C_{jl}^{jk} = C_{kl}$。

根据对象 x_j 关于不同参数的隶属程度之间的关系，未知数据 h_{jl} 可以由公式(6-24)进行预测：

$$h_{jl}^{parameter} = \sum_{k \in G_j} h_{jl}^{jk} \times C_{jl}^{jk}. \tag{6-24}$$

最后，通过将 h_{jl}^{object} 和 $h_{jl}^{parameter}$ 进行加权平均，可以得到未知数据 h_{jl} 的最终预测结果：

$$h_{jl} = w_1 \times h_{jl}^{object} + w_2 \times h_{jl}^{parameter}, \tag{6-25}$$

其中，w_1 和 w_2 分别代表对象之间的关系和参数之间的关系对于数据预测的不同的影响作用权重，并且满足条件 $w_1 + w_2 = 1$。

给定论域 U 上的一个不完备的模糊软集 (F, E)，未知量 h_{jl} 可以由参数之

间的关系,以及对象之间的关系进行预测。我们所提出的"对象-参数"方法可以被视为 Deng-Wang 方法的一种改进方法,其算法步骤如下(见算法 12):

算法 12

[步骤 1] 对于任意的 $i \in M_l$,通过公式(6-9)、公式(6-10)和公式(6-13)计算出 h_{jl}^{il} 的值,然后通过公式(6-15)计算出 D_{jl}^{il} 的值。

[步骤 2] 由公式(6-16),基于对象之间的关系所蕴含的信息,对 h_{jl} 的值进行预测,并将该预测值标记为 h_{jl}^{object}。

[步骤 3] 对于任意 $k \in G_j$,通过公式(6-17)、公式(6-18)和公式(6-21)计算出 h_{jk}^{ik} 的值,并通过公式(6-23)计算出 C_{jl}^{jk} 的值。

[步骤 4] 由公式(6-24),根据参数之间的关系所蕴含的信息,对 h_{jl} 的值进行预测,并将该预测值标记为 $h_{jl}^{parameter}$。

[步骤 5] 设定一对权重 w_1, w_2,由公式(6-25)对 h_{jl} 的值进行最终预测。

定理 6.2.1 由算法 12 计算得到的 h_{jl} 的预测结果在 $[0,1]$ 区间内。

证明: 由公式(6-13)和引理Ⅱ可以得到 $0 \leqslant h_{jl}^{il} \leqslant 1$,由公式(6-15)可以得到 $\sum_{i \in M_l} D_{jl}^{il} = 1$,那么很容易得出 $0 \leqslant \sum_{i \in M_l} h_{jl}^{il} \times D_{jl}^{il} \leqslant \sum_{i \in M_l} D_{jl}^{il} = 1$,即 $0 \leqslant h_{jl}^{object} \leqslant 1$。类似地,可以得到 $0 \leqslant h_{jl}^{parameter} \leqslant 1$。权重 w_1, w_2 满足条件 $w_1 + w_2 = 1$,由公式(6-25)可以得到 $0 \leqslant h_{jl} \leqslant 1$。

注: 算法 11 和算法 12 的主要区别如下:

(1) 所考虑到的对象之间的隐藏信息不同。在算法 11 中,只考虑了由一个对象到另一个对象的距离,而没有考虑不同对象对一个固定对象在缺失数据的预测过程中不同的影响作用。在算法 12 中,我们定义一个对象对另一个对象的"控制程度",并且使用"控制程度"来度量不同对象对某一固定对象在缺失数据的预测过程中发挥的不同作用;在缺失值预测的过程中,同时考虑了不同对象之间的距离和对象之间的"控制程度"这两种隐含信息。

(2) 所考虑到的参数之间的隐藏信息不同。在算法 11 中,"平均距离"和"控制程度"在缺失数据预测过程中的角色并没有被区分开来。在算法 12 中,我们重新定义了一个参数对于另一个参数的"控制程度",并且使用该"控制程度"度量了不同参数对一个固定参数的不同影响作用。在算法 12 中,参数之间的距离和参数之间的"控制程度"都在缺失数据的预测过程中发挥了作用。

(3) 由算法 11 得出的最终预测结果并不能保证在区间[0,1]内,由算法 12 得出的最终预测结果被限定在[0,1]区间内。

【例 6-2】 接[例 6-1],该例设定对象信息所对应的权重和参数信息所对应的权重是相同的,即 $w_1=w_2=\dfrac{1}{2}$。由算法 12 可以得出 $h_{31}\approx 0.626$, $h_{24}\approx 0.987$, $h_{34}\approx 0.959$, $h_{45}\approx 0.841$, $h_{57}\approx 0.308$。

6.4 新的可调节预测算法方法

在本节中,我们将利用模糊集合的相似性度量,提出一种新的基于不完备模糊软集的缺失数据预测方法。

文献[112]提供了模糊集之间的相似性度量的公理化定义:

定义 6.3.1 [112] 一个函数 $S: F(U)\times F(U)\rightarrow [0,1]$,如果满足如下条件:

(S1) $S(U,\varnothing)=0$,且对于任意 $A\in F(U)$,有 $S(A,A)=1$;

(S2) 对于任意 $A,B\in F(U)$,有 $S(A,B)=S(B,A)$;

(S3) 对于任意 $A,B,C\in F(U)$.

只要 $A\subseteq B\subseteq C$,则 $S(A,C)\leqslant \min(S(A,B),S(B,C))$,那么 S 被称作模糊集合之间的一个相似性度量。

首先,我们将通过模糊集之间的相似度量来研究在一个不完备模糊软集中对象之间存在的隐藏信息,以及参数之间存在的隐藏信息。

定义 6.3.2 (F,E) 是论域 U 上的一个不完备的模糊软集,x_i, x_j 是论域 U 中的任意两个对象。假设 S' 是模糊集合之间的一个相似性度量。那么,在模糊软集 (F,E) 中,对象 x_i 和 x_j 之间的相似性度量被定义为

$$S'_{ij}=S'(G_i,G_j), \tag{6-26}$$

其中,G_i 和 G_j 是定义在参数集 $E_i\cap E_j$ 上的两个模糊集。对于 $\forall e\in E_i\cap E_j$,定义 $G_i(e)=F(e)(x_i)$,且 $G_j(e)=F(e)(x_j)$。如果 $E_i\cap E_j=\varnothing$,标记 $S'_{ij}=0$。

在这里，S'_{ij} 度量的是对象 x_i 和对象 x_j 在参数集 $E_i \cap E_j$ 上所对应的隶属函数值之间的相似程度。如果软集中参数和对象的数量非常大，并且未知数值的数量非常少，那么两个对象关于所有参数 E 所对应的隶属函数值之间的相似程度，即两个对象之间的相似度，可以被近似地估计为 S'_{ij}。

定义 6.3.3 (F, E) 是论域 U 上的一个不完备的模糊软集，e_k, e_l 是参数集 E 中的任意两个参数。假设 S 是模糊集合之间的一个相似性度量。那么，参数 e_k 和 e_l 之间的相似性度量被定义为

$$S_{kl} = S(F_k, F_l), \qquad (6\text{-}27)$$

其中，F_k 和 F_l 是 $U_k \cap U_l$ 上的两个模糊软集，使得对于任意 $\forall x \in U_k \cap U_l$，有 $F_k(x) = F(e_k)(x)$ 且 $F_l(x) = F(e_l)(x)$。如果 $U_k \cap U_l = \varnothing$，标记 $S_{kl} = 0$。

在这里，S_{kl} 所度量的是参数 e_k 和 e_l 之间关于对象集 $U_k \cap U_l$ 所对应的隶属函数值之间的相似程度。如果软集中参数和对象的数量非常大，并且未知数值的数量非常少，那么可以运用 S_{kl} 对参数 E_k 和 E_j 之间的相似性度量进行近似测量。

接下来，我们提出一种新的基于不完备模糊软集的缺失数据预测方法。这种新方法同时考虑了对象之间的隐藏信息和参数之间的隐藏信息，因此它也是一种"对象-参数"方法。由于该方法对应的未知数据预测结果可以由模糊集相似性度量的选择进行控制和调节，我们称之为可调节的"对象-参数"方法。

根据所有对象关于参数 e_l 的隶属程度，以及每两个对象之间的相似性度量，未知量 h_{jl} 可以被预测为

$$h_{jl}^{object} = \frac{\sum\limits_{i \in \{i \mid h_{il} \neq *\}} h_{il} \times S'_{ij}}{\sum\limits_{i \in \{i \mid h_{il} \neq *\}} S'_{ij}}. \qquad (6\text{-}28)$$

根据对象 x_j 对于所有参数的隶属函数值，以及每两个参数之间的相似性度量，未知量 h_{jl} 可以被预测为

$$h_{jl}^{parameter} = \frac{\sum_{k \in \{k \mid h_{jk} \neq *\}} h_{jk} \times S_{kl}}{\sum_{k \in \{k \mid h_{jk} \neq *\}} S_{kl}}. \tag{6-29}$$

最终，未知量 h_{jl} 的值可以通过对 h_{jl}^{object} 和 $h_{jl}^{parameter}$ 进行线性加权求得

$$h_{jl} = w_1 \times h_{jl}^{object} + w_2 \times h_{jl}^{parameter}, \tag{6-30}$$

其中，w_1 和 w_2 分别表示在未知量预测过程中对象之间的关系和属性之间的关系对于预测结果的影响权重。w_1 和 w_2 满足条件 $w_1 + w_2 = 1$。

假设 (F, E) 是论域 U 上的一个不完备的模糊软集，h_{jl} 是该不完备模糊软集中一个需要被预测的未知量。我们将上文中所提出的可调节"对象-参数"预测算法总结如下（见算法 13）：

算法 13

[步骤1] 选择一个模糊集的相似性度量 S'，对于所有 $i \in \{i \mid h_{il} \neq *\}$，计算 S'_{ij} 的值。

[步骤2] 用公式(6-28)计算 h_{jl}^{object} 的值。

[步骤3] 选择一个模糊集的相似性度量 S，对于所有 $k \in \{k \mid h_{jk} \neq *\}$，计算 S_{kl} 的值。

[步骤4] 用公式(6-29)计算 $h_{jl}^{parameter}$ 的值。

[步骤5] 给定一组权重 w_1 和 w_2，用公式(6-30)计算出未知量 h_{jl} 的最终预测值。

定理 6.3.1 使用算法 13 对未知量 h_{jl} 进行预测，那么预测值在 $[0, 1]$ 区间内。

证明： 由于 $0 \leqslant h_{il} \leqslant 1$，对于 $\forall i \in \{i \mid h_{il} \neq *\}$，可以得到 $h_{il} \times S'_{ij} \leqslant S'_{ij}$。容易得出，$0 \leqslant \sum_{i \in \{i \mid h_{il} \neq *\}} h_{il} \times S'_{ij} \leqslant \sum_{i \in \{i \mid h_{il} \neq *\}} S'_{ij}$，也就意味着 $0 \leqslant \frac{\sum_{i \in \{i \mid h_{il} \neq *\}} h_{il} \times S'_{ij}}{\sum_{i \in \{i \mid h_{il} \neq *\}} S'_{ij}} \leqslant 1$，即 $0 \leqslant h_{jl}^{object} \leqslant 1$。

类似地，可以证明 $0 \leqslant h_{jl}^{parameter} \leqslant 1$。

同时，权重 w_1 和 w_2 满足条件 $w_1+w_2=1$，由此可得 $0 \leqslant w_1 \times h_{jl}^{object} + w_2 \times h_{jl}^{parameter} \leqslant 1$，即 $0 \leqslant h_{jl} \leqslant 1$。

【例 6-3】 考虑表 6-2 中的模糊软集，假设目标和参数的权重是一致的，即 $w_1=w_2=\dfrac{1}{2}$。

由算法 13，使用模糊集间的相似性度量：

$$S'(A,B)=\frac{1}{n}\sum_{i=1}^{n}\frac{\min(A(x_i),B(x_i))}{\max(A(x_i),B(x_i))}\text{[113]},$$

$$S(A,B)=\frac{1}{n}\sum_{i=1}^{n}\frac{2A(x_i)B(x_i)}{A(x_i)^2+B(x_i)^2}\text{[82]}.$$

由此可以得出，$h_{31} \approx 0.580$，$h_{24} \approx 0.880$，$h_{34} \approx 0.800$，$h_{45} \approx 0.725$，$h_{57} \approx 0.461$。

接下来，我们对算法 13 的预测原理进行分析：

假设 h_{jl} 是一个需要被预测的未知量，我们认为对象 x_i 和对象 x_j 之间的相似性度量 S'_{ij} 越大，未知量 h_{jl} 的数值就越可能接近 h_{il}；类似地，参数 e_k 和参数 e_l 之间的相似性度量 S_{kl} 越大，未知量 h_{jl} 的数值就越有可能接近 h_{jk}。

为了对该原理进行举例说明，我们重新考虑表 6-2 中的不完备模糊软集。在该不完备模糊软集中，已知对应于对象 x_1 和参数 e_1 的数值 $h_{11}=0.9$，当我们用第一列中的已知量对未知量 h_{31} 进行预测时，第一行中的所有数值与第三行中的所有数值越相似，未知量 $h_{31}=h_{11}=0.9$ 的可能性就越大；同样地，在表 6-2 中，已知 $h_{32}=0.8$，当由第三行中的其他已知量对未知量 h_{31} 进行预测时，第一列中的所有数值与第三列中的所有数值越相似，未知量 $h_{31}=h_{32}=0.8$ 的可能性就越大。

由公式(6-28)可得：

$$h_{jl}^{object}=\frac{\sum\limits_{i\in\{i\,|\,h_{il}\neq *\}}h_{il}\times S'_{ij}}{\sum\limits_{i\in\{i\,|\,h_{il}\neq *\}}S'_{ij}}=\sum_{i\in\{i\,|\,h_{il}\neq *\}}\left(h_{il}\times\frac{S'_{ij}}{\sum\limits_{i\in\{i\,|\,h_{il}\neq *\}}S'_{ij}}\right),$$

其中，$\dfrac{S'_{ij}}{\sum_{i\in\{i|h_{il}\neq *|\}} S'_{ij}}$ 可以被视作由已知量计算 h_{jl}^{object} 时，h_{il} 所占的权重。对于参数 $e_l \in E$，数值 $\sum_{i\in\{i|h_{il}\neq *\}} S'_{ij}$ 是确定的。那么，相似性度量 S'_{ij} 的值越大，h_{il} 的权重就越大，$h_{jl}^{object}=h_{il}$ 的可能性也就越大。

类似地，由公式(6-29)，我们可以分析得到：S_{kl} 的值越大，$h_{jl}^{prameter}=h_{jk}$ 的可能性也就越大。也就是说，未知量 h_{jl} 的预测值就越有可能接近 h_{jk}。

注：相较于算法 11 和算法 12，算法 13 具有两个主要优势：

(1) 在未知量预测的过程中，如果我们挑选并使用不同的模糊集的相似性度量，未知量的预测结果就会不同。也就是说，预测结果可以由模糊集相似度量的使用来进行调节。

(2) 相较于算法 11 和算法 12，算法 13 的计算过程简单，计算复杂度也显然低于前两者。

6.5 实验分析

在本节中，我们通过一个实验对以上所提到的三个算法的有效性进行检验。实验所用到的数据来源于中国银行官方网站：http://srh.bankofchina.com/search/whpj/search.jsp。我们使用 5 组不同的数据集进行了实验，并对实验的结果进行了分析。这 5 组数据集分别是 2016 年 1 月 15 日当天的美元(USD)-人民币(RMB)汇率数据集、英镑(GBP)-人民币(RMB)汇率数据集、加拿大元(CAD)-人民币(RMB)汇率数据集、日元(JPY)-人民币(RMB)汇率数据集和韩元(KRW)-人民币(RMB)汇率数据集。中国银行在网站上提供了 2016 年 1 月 15 日关于 6 个属性在 95 个不同时间段内的汇率数据。为了保证原始数据集中不包含缺失数据，我们在实验过程中选择了"现汇买入价""现钞买入价""现汇卖出价"和"现钞卖出价"4 个属性。如此一来，我们获得了关于 4 个属性，95 个对象的 5 个完备的数据集。这些数据集可以被视为信息表，而不能被直接视作模糊软集，因为并不是所有数据都在单位区间内。我们通过将每个数据除以 1 000 的方式，将每条数据放缩到单位区间内，从而可以将这 5 个数据集转化为 5 个包含 4 个属性，95 个对象的模糊软集。

我们使用了"平均错误率"这样一个指标来对预测结果的准确性进行分析，

"平均错误率"的定义如下：

$$M = \frac{\sum_{t=1}^{n}|A_t - F_t|}{n}, \tag{6-31}$$

其中，n 表示在一个不完备模糊软集中缺失数据的总数量，A_t 表示真实数据，F_t 表示预测数据。

在每一个完备的模糊软集中，我们随机删除1‰的数据，从而可以获得5个不完备的模糊软集；然后使用三种不同的预测方法，由不完备模糊软集中的已知数据对未知数据进行预测；在获取预测结果之后，将预测结果和真实数据进行比较，从而计算出对应于不同算法的预测结果的平均错误率。为了保证实验结果的可信度，我们将随机实验做了100次，并将预测平均错误率的值进行平均。在这个过程中，所有算法都基于MATLAB软件进行实现。计算的结果如表6-3所示。

表6-3 三种"对象-参数"预测算法的预测结果平均错误率

—	USD-RMB	GBP-RMB	CAD-RMB	JPY-RMB	KRW-RMB
A_1	0.128 022 855	0.132 633 390	0.133 498 108	0.147 776 700	0.106 511 006 1
A_2	0.000 950 457	0.004 730 404	0.002 032 659	0.000 029 923	0.000 005 851 7
A_3	0.001 749 141	0.008 605 328	0.004 158 835	0.000 049 918	0.000 008 861 8

在表6-3中，我们保留了每个数据小数点后的9位有效数字。A_1，A_2 和 A_3 分别表示用 Deng-Wang 方法（即算法11），改进后的 Deng-Wang 方法（即算法12），以及新的可调节预测算法（即算法13）对不完备模糊软集中的未知量进行预测后预测结果的平均错误率。从表6-3中可以看出，算法12和13的预测结果的平均错误率都明显低于算法11。也就是说，无论是改进后的 Deng-Wang 方法，还是新提出的预测算法，其预测效果都比原始的 Deng-Wang 方法要好，预测结果更为精确。

6.6 本章小结

缺失数据或缺失信息在日常生活中随处可见。近年来，研究者们提出了一些用于预测不完备模糊软集中的缺失数据的方法,从而可以对缺失信息进行填充,将不完备模糊软集转化为模糊软集。然而,这些缺失数据预测方法并不完善,存在着这样或那样的缺陷,因此,在本章节中,我们主要展开了如下研究:

(1) 为了克服 Deng-Wang 方法的缺陷,我们通过以下两种方式对该方法做出了改进:①引入对象之间"控制程度"的概念,同时使用对象之间的"平均距离"和"控制程度"来度量对象之间的隐含信息;②重新定义参数之间"控制程度"的概念,区分参数之间的"平均距离"和"控制程度"在未知量预测过程中的作用。通过这样两种方式,对象之间的关联关系和参数之间的关联关系也在预测的过程中得到了更充分的利用。此外,通过将预测结果正规化的方式,保障了改进方法的预测结果在单位区间内,从而确保了预测算法的有效性。

(2) 基于模糊集合之间的相似性度量,进一步发掘在一个不完备模糊软集中对象之间、参数之间的潜在关联关系,从而提出了一种新的、预测结果可调节的缺失数据预测方法。

(3) 通过实验,检验了三种预测方法的预测效果,从而论证了基于不完备模糊软集对未知量进行预测的改进算法和新算法的优越性。

第7章
研究成果与展望

软集模型是一种可以用来处理不确定性决策问题的有效工具。通过将软集模型和其他数学模型相结合，可以得到不同的软集扩展模型，这些扩展模型增强了经典软集模型处理不确定性问题的灵活性与有效性。本书从理论和应用两个角度对软集的扩展模型进行了研究。在理论方面，本书研究了软集扩展模型的不确定性度量的构造方法以及不同的软集扩展模型之间的关系，并构造了若干种新的软集扩展模型。在应用方面，本书重点研究了软集的扩展模型在决策问题中的应用方法。

本书的研究内容可以总结为四个方面：
(1) 不同软粗糙集模型之间的关系；
(2) 基于模糊软集和粗糙软集的改进决策方法；
(3) 软集理论和模糊语言方法的结合；
(4) 基于不完备模糊软集的缺失数据预测方法。

7.1 研究成果

本书的研究主要取得了如下成果：

(1) 在研究者所构造出的不同的软粗糙集模型中，其中有一些已经被应用到决策问题中，成为处理不确定性决策问题的有效工具。通过本书中的研究，我们证实了不同的软粗糙集模型之间并不是相互独立的，不同的软粗糙近似算子与 Pawlak 粗糙近似算子之间也相互关联，不同的软粗糙模糊集模型之间更是有着密不可分的联系，并对这些不同模型之间的联系进行了总结。

(2) 通过将软集作为知识，计算另一个软集的上下近似，我们构造了软粗糙软集模型,给出了一种利用软粗糙软集模型解决决策问题的方法,并通过例子对该方法的可行性进行了说明。

(3) 关于基于模糊软集的决策方法,我们针对比较得分法和模糊选择值法各自的优缺点,以及克服这两种方法的缺陷的办法进行了讨论。其中,为了在参数增加、减少的情况下更迅速地获取决策结果,我们对比较得分法做出了改良。此外,为了有效解决一些既无法使用比较得分法也无法使用模糊选择值法解决的决策问题,我们通过引入比较阈值模糊集的概念,提出了一种新的可调节的决策方法。通过选择不同的比较阈值模糊集,可以获得不同的决策结果。

(4) 关于基于粗糙软集的决策方法的研究尚处于初级阶段,我们通过提出更多可以用于满足不同决策需求的新方法,推动了粗糙软集模型在决策问题中的应用研究。其中包括:①提出了两个基于粗糙软集的决策方法;②提出了一种基于粗糙软集的群决策方法,该方法不要求决策者在群决策过程之前选出最优决策对象,因而优越于其他现有的基于软集与粗糙集的结合模型的群决策方法。

(5) 通过将软集理论与模糊语言方法相结合,我们构造了一种可以用于处理语言信息的软集扩展模型——CLE软集模型。通过利用犹豫模糊语言术语集的模糊包络等相关概念,我们研究了CLE软集模型在语言群决策问题中的应用方法。

(6) 基于不完备模糊软集,我们指出现有的一种缺失数据的预测方法没有合理地利用不完备模糊软集中参数之间、对象之间的关系,并且不能保证预测结果在[0,1]区间内。由此我们提出了该方法的一种改良方法,从而克服了原方法所存在的缺陷。此外,我们创新性地应用模糊集之间的相似性度量,进一步研究了不完备模糊软集中的对象之间、参数之间的隐藏信息,从而提出了一种新的预测方法。最后,我们通过实验检验了改良方法和新方法的有效性。

7.2 展望

本书的研究虽取得了一些成果,但受时间、条件所限,某些研究还不够深入,还存在问题有待进一步解决。因此，本书提出进一步研究的展望如下：

（1）进一步研究 CLE 软集在语言群决策问题中的应用方法。语言群决策问题是决策领域的一个重要的研究分支。在群体决策问题中，共识模型的建立是为了确保决策结果符合大多数决策者的真实意愿，保证群体决策结果的合理性。到目前为止，还没有研究者在软集的理论框架下研究群体决策问题中的共识模型的构造。在本书中，我们已经对 CLE 软集在决策问题中的应用方法做出了研究。今后，我们将构造基于 CLE 软集的共识模型，并进一步研究 CLE 软集在语言群决策问题中的应用方法。

（2）进一步研究基于不完备模糊软集的决策方法。对于基于不完备模糊软集的决策方法的研究目前还非常有限。其中一个重要的难题在于构造有效的缺失信息的预测方法。在本书中，我们对于不完备模糊软集中的缺失数据预测办法进行了研究。那么，很自然地会引发思考：这些方法能否在基于不完备模糊软集的决策过程中发挥作用？基于不完备模糊软集的决策过程与基于完备模糊软集的决策过程有什么可以相互借鉴的地方？因此，在今后的研究中，我们将对这个问题进行讨论。

（3）进一步研究软集的模糊扩展模型的不确定性度量在决策问题中的应用方法。关于模糊集合的不确定性度量的研究已经相对完善。在本书中，我们提出了一种利用模糊集合的相似性度量预测不完备模糊软集中的缺失数据的预测方法，数据预测可以支撑基于不完备模糊软集的决策过程。软集的模糊扩展模型沿袭了模糊集模型的许多重要属性，它们的不确定性度量在不完备数据集的数据预测过程中，以及基于不完备模糊软集的决策过程中的潜在应用方法值得我们进行深入探讨。

（4）进一步研究软集的不同扩展模型之间的关系，并讨论对应于不同的扩展软集模型决策方法的决策结果之间的关系。在本书中，我们系统地讨论了不同软粗糙集合之间的关联关系。然而，软集的其他扩展模型之间的联系有待被进一步地进行讨论。此外，既然不同的软粗糙集模型之间关系密切，应用不同的软粗糙集模型所获取的决策结果之间有没有联系呢？在今后的工作中，我们将针对这一问题展开研究。

（5）进一步研究基于扩展软集模型的决策方法。在本书中，我们改进了基于模糊软集和粗糙软集的决策方法。模糊软集和粗糙软集存在许多更加复杂的扩展模型，如直觉模糊软集是模糊软集的一种扩展模型，软粗糙软集模型可以被视为粗糙软集模型的一种扩展模型。那么该如何对这些基于更为复杂的扩展模型的决策方法进行改良呢？又该如何将本书中提出的新方法扩展应用到更为复杂的决策情景中去呢？这些问题我们都将在今后的研究工作中进行讨论。

参考文献

[1] LEWIS K E. Decision making in engineering design[J]. Integrated Design of Multiscale Multifunctional Materials & Products, 2006: 65-85.

[2] WU S W, DELGADO M R, MALONEY L T. Economic decision-making compared with an equivalent motor task [J]. Proceedings of the National Academy of Sciences of the United States of America, 2009, 106(15): 6088-6093.

[3] POL L G, THOMAS R K. Demography for business decision making [J]. Westport Connecticut Quorum Books, 2018, 16(6): 616-628.

[4] VESELY S, DOHNAL M. Decision making in goverment tenders: a formalized qualitative model[J]. Acta Universitatis Agriculturae Et Silviculturae Mendelianae Brunensis, 2013, 60(4): 397-406.

[5] TSEBELIS G. Decision making in political systems: veto players in presidentialism, parliamentarism, multicameralism and multipartyism[J]. British Journal of Political Science, 1995, 25(3): 289-325.

[6] LIU Y Y, QIN K Y, RAO C, et al. Object-parameter approaches to predicting unknown data in an incomplete fuzzy soft set[J]. International Journal of Applied Mathematics and Computer Science, 2017, 27(1): 157-167.

[7] FENG F, CHO J, PEDRYCZ W, et al. Soft set based association rule mining[J]. Knowledge-Based Systems, 2016(111): 268-282.

[8] MUTHUKUMAR P, KRISHNAN G S S. A similarity measure of intuitionistic fuzzy soft sets and its application in medical diagnosis[J]. Applied Soft Computing, 2016(41): 148-156.

[9] ZHAN J M, ZHU K Y. A novel soft rough fuzzy set: Z-soft rough fuzzy ideals of hemirings and coresponding decision making [J]. Soft Computing, 2017, 21 (8): 1923-1936.

[10] ZHAN J M, ALI M I, MEHMOOD N. On a novel uncertain soft set model: Z-soft fuzzy rough set model and corresponding decision making methods[J]. Applied Soft Computing, 2017(56): 446-457.

[11] ZHAN J M, LIU Q, HERAWAN T. A novel soft rough set: soft rough hemirings and corresponding multicriteria group decision making[J]. Applied Soft Computing, 2017(54): 393-402.

[12] MAJI P K, BISWAS R, ROY A R. Fuzzy soft sets[J]. Journal of Fuzzy Mathematic, 2001, 20(1): 163-177.

[13] MAJI P K, BISWAS R, ROY A R. Intuitionistic fuzzy soft sets[J]. Journal of Fuzzy Mathematics, 2001, 9(3): 677-692.

[14] YANG X B, LIN T Y, YANG J Y, et al. Combination of interval-valued fuzzy set and soft set[J]. Computers & Mathematics with Applications, 2009, 58(3): 521-527.

[15] XU W, MA J, WANG S Y, et al. Vague soft sets and their properties[J]. Computers & Mathematics with Applications, 2010, 59(2): 787-794.

[16] FENG F, LIU X Y, LEOREANU-FOTEA V, et al. Soft sets and soft rough sets[J]. Information Sciences, 2011, 181(6): 1125-1137.

[17] FENG F, LI C X, DAVVAZ B, et al. Soft sets combined with fuzzy sets and rough sets: a tentative approach[J]. Soft Computing, 2010, 14(9): 899-911.

[18] MENG D, ZHANG X H, QIN K Y. Soft rough fuzzy sets and soft fuzzy rough sets[J]. Computers & Mathematics with Applications, 2011, 62(12): 4635-4645.

[19] QIN K Y, SONG Z M, XU Y. Soft rough sets based on similarity measures[J]. Rough Sets and Knowledge Technology, 2012(7414): 40-48.

[20] BASHIR M, SALLEH A R, ALKHAZALEH S. Possibility intuitionistic fuzzy soft set[J]. Advances in Decision Sciences, 2012.

[21] SHABIR M, ALI M I, TANZEELA S T. Another approach to soft rough sets[J]. Knowledge-Based Systems, 2013(40): 72-80.

[22] MUSTAFA H I, SLEIM F M. Soft generalized closed sets with respect to an ideal in soft topological spaces[J]. Applied Mathematics & Information Sciences, 2014, 8(2): 665-671.

[23] THOMAS J, JOHN S J. On soft generalized topological spaces[J]. Journal of New

Results in Science, 2014, 4(4): 01-15.

[24] ALKHAZALEH S, SALLEH A R, HASSAN N. Possibility fuzzy soft set[J]. Advances in Decision Sciences, 2015, 2011(1): 479756.1-479756.18.

[25] ZHAN J M, LIU Q, HERAWAN T. A novel soft rough set: soft rough hemirings and corresponding multicriteria group decision making[J]. Applied Soft Computing, 2017(54): 393-402.

[26] ALCANTUD J C R, MATHEW T J. Separable fuzzy soft sets and decision making with positive and negative attributes[J]. Applied Soft Computing, 2017(59): 586-595.

[27] SUN B Z, MA W M, LI X N. Linguistic value soft set-based approach to multiple criteria group decision-making[J]. Applied Soft Computing, 2017(58): 285-296.

[28] MOLODTSOV D. Soft set theory-first results[J]. Computers & Mathematics with Applications, 1999, 37(4-5): 19-31.

[29] MAJI P K, BISWAS R, ROY A R. Soft set theory[J]. Computers & Mathe-matics with Applications, 2003, 45(4-5): 555-562.

[30] ALI M I, SHABIR M, NAZ M. Algebraic structures of soft sets associated with new operations[J]. Computers & Mathematics with Applications, 2011, 61(9): 2647-2654.

[31] CHEN D, TSANG E C C, YEUNG D S, et al. The parameterization reduction of soft sets and its applications[J]. Computers & Mathematics with Applications, 2005, 49(5): 757-763.

[32] AKTAS H, AGMAN N. Soft sets and soft groups[J]. Information Sciences, 2007, 177(13): 2726-2735.

[33] KONG Z, GAO L Q, WANG L F, et al. The normal parameter reduction of soft sets and its algorithm[J]. Computers & Mathematics with Applications, 2008, 56(12): 3029-3037.

[34] FENG F, JUN Y B, ZHAO X Z. Soft semirings[J]. Computers & Mathematics with Applications, 2008, 56(10): 2621-2628.

[35] JUN Y B. Soft bck/bci-algebras[J]. Computers & Mathematics with Applications, 2008, 56(5): 1408-1413.

[36] JUN Y B, PARK C H. Applications of soft sets in ideal theory of BCK/BCI-algebras[J]. Information Sciences, 2008, 178(11): 2466-2475.

[37] JUN Y B, LEE K J, PARK C H. Soft set theory applied to ideals in d-algebras[J]. Computers & Mathematics with Applications, 2009, 57(3): 367-378.

[38] AYGUNOGLU A, AYGUN H. Introduction to fuzzy soft groups[J]. Computers & Mathematics with Applications, 2009, 58(6): 1279-1286.

[39] QIN K Y, HONG Z Y. On soft equality[J]. Journal of Computational and Applied Mathematics, 2010, 234(5): 1347-1355.

[40] BABITHA K V, SUNIL J J. Soft set relations and functions[J]. Computers & Mathematics with Applications, 2010, 60(7): 1840-1849.

[41] BABITHA K V, SUNIL J J. Transitive closures and orderings on soft sets[J]. Computers & Mathematics with Applications, 2011, 62(5): 2235-2239.

[42] FENG F, LI Y M, LI C X, et al. Soft set based approximate reasoning: a quantitative logic approach[J]. Quantitative Logic and Soft Computing, 2010(2): 245-255.

[43] PARK J H, KIM O H, KWUN Y C. Some properties of equivalence soft set relations [J]. Computers & Mathematics with Applications, 2012, 63(6): 1079-1088.

[44] MAJUMDAR P, SAMANTA S K. Similarity measure of soft sets[J]. New Mathematics and Natural Computation, 2008, 4(1): 1-12.

[45] MAJUMDAR P, SAMANTA S K. On similarity measures of fuzzy soft sets[J]. International Journal of Advances in Soft Computing and its Applications, 2011, 3(2): 1-8.

[46] KHARAL A. Distance and similarity measures for soft sets[J]. New Mathematics and Natural Computation, 2010, 6(3): 321-334.

[47] JIANG Y C, TANG Y, LIU H, et al. Entropy on intuitionistic fuzzy soft sets and on interval-valued fuzzy soft sets[J]. Information Sciences, 2013(240): 95-114.

[48] WANG C, QU A J. Entropy, similarity measure and distance measure of vague soft sets and their relations[J]. Information Sciences, 2013(244): 92-106.

[49] MAJI P K, ROY A R, BISWAS R. An application of soft sets in a decision making problem[J]. Computers & Mathematics with Applications, 2002, 44(8-9): 1077-1083.

[50] ROY A R, MAJI P K. A fuzzy soft set theoretic approach to decision making problems [J]. Journal of Computational and Applied Mathematics, 2007, 203(2): 412-418.

[51] KONG Z, GAO L Q, WANG L F. Comment on "A fuzzy soft set theoretic approach to

decision making problems"[J]. Journal of Computational and Applied Mathematics, 2009, 223(2): 540-542.

[52] ZOU Y, XIAO Z. Data analysis approaches of soft sets under incomplete information[J]. Knowledge-Based Systems, 2008, 21(8): 941-945.

[53] FENG F, JUN Y B, LIU X Y, et al. An adjustable approach to fuzzy soft set based decision making[J]. Journal of Computational and Applied Mathematics, 2010, 234(1): 10-20.

[54] SUN B Z, MA W M. Soft fuzzy rough sets and its application in decision mak-ing[J]. Artificial Intelligence Review, 2014, 41(1): 67-80.

[55] ALCANTUD J C R. A novel algorithm for fuzzy soft set based decision making from multiobserver input parameter data set[J]. Information Fusion, 2016(29): 142-148.

[56] TRIPATHY B K, SOORAJ T R, MOHANTY R K. A new approach to interval-valued fuzzy soft sets and its application in decision-making[C]. International Conference on Computational Intelligence, 2017.

[57] ZHAN J M, ZHU K Y. A novel soft rough fuzzy set: Z-soft rough fuzzy ideals of hemirings and corresponding decision making[J]. Soft Computing, 2017, 21(8): 1923-1936.

[58] ZHAN J M, ALI M I, MEHMOOD N. On a novel uncertain soft set model: Z-soft fuzzy rough set model and corresponding decision making methods[J]. Applied Soft Computing, 2017(56): 446-457.

[59] ALI M I, FENG F, LIU X Y, et al. On some new operations in soft set theory[J]. Computers & Mathematics with Applications, 2009, 57(9): 1547-1553.

[60] AHMAD B, KHARAL A. On fuzzy soft sets[J]. Advances in Fuzzy Systems, 2011, 2(8): 1231-1236.

[61] JIANG Y C, TANG Y, CHEN Q M, et al. Interval-valued intuitionistic fuzzy soft sets and their properties[J]. Computers & Mathematics with Applications, 2010, 60(3): 906-918.

[62] PAWLAK Z. Rough sets[J]. International Journal of Parallel Programming, 1982, 11(5): 341-356.

[63] DUBOIS D, PRADE H. Rough fuzzy sets and fuzzy rough sets[J]. International Journal

of General Systems, 1990, 17(2-3): 191-209.

[64] RADZIKOWSKA A M, KERRE E E. A comparative study of fuzzy rough sets[J]. Fuzzy Sets & Systems, 2002, 126(2): 137-155.

[65] WU W Z, MI J S, ZHANG W X. Generalized fuzzy rough sets[M]. Elsevier Science Inc., 2003.

[66] YAO Y Y. Relational interpretations of neighborhood operators and rough set approximation operators[J]. Information Sciences, 1998, 111(1-4): 239-259.

[67] YAO Y Y, WONG S K M. Generalization of rough sets using relationships between attribute values[C]. Joint Conference on Information Sciences, 1995.

[68] ZHANG X H, ZHOU B, LI P. A general frame for intuitionistic fuzzy rough sets[J]. Information Sciences, 2012, 216(24): 34-49.

[69] ZHU W. Relationship in generalized rough sets based on binary relation and covering[J]. Information Sciences, 2009, 179(3): 210-225.

[70] FENG F, LI C X, DAVVAZ B, et al. Soft sets combined with fuzzy sets and rough sets: a tentative approach[J]. Soft Computing, 2010, 14(9): 899-911.

[71] ZADEH L A. The concept of a linguistic variable and its application to approximate reasoning[J]. Information Sciences, Part I, II, III., 1975, 8, 8, 9(3): 199-249, 301-357, 43-80.

[72] ZADEH L A. The concept of a linguistic variable and its application to approximate reasoning. Part I[J]. Information Sciences, 1975, 8(3): 199-249.

[73] HERRERA F, HERRERA-VIEDMA E, MARTINEZ L. A fusion approach for managing multigranularity linguistic term sets in decision making[J]. Fuzzy Sets and Systems, 2000, 114(1): 43-58.

[74] YAGER R R. An approach to ordinal decision making[J]. International Journal of Approximate Reasoning, 1995, 12(3-4): 237-261.

[75] BONISONE P P. A fuzzy sets based linguistic approach: Theory and applications[C]. Conference on Winter Simulation. T.I. Oren, C.M. Shub. P.F. Roth(eds), 1980: 99-111.

[76] BORDOGNA G, PASI G. A fuzzy linguistic approach generalizing boolean information retrieval: A model and its evaluation[J]. Journal of the American Society for Information Science, 1993, 44(2): 70-82.

[77] RODRIGUEZ R M, MARTINEZ L, HERRERA F. Hesitant fuzzy linguistic term sets for decision making[J]. IEEE Transactions on Fuzzy Systems, 2012, 20(1): 109-119.

[78] RODRIGUEZ R M, MARTINEZ L, HERRERA F. A group decision making model dealing with comparative linguistic expressions based on hesitant fuzzy linguistic term sets[J]. Information Sciences, 2013, 241(12): 28-42.

[79] LIU H B, RODRIGUEZ R M. A fuzzy envelope for hesitant fuzzy linguistic term set and its application to multicriteria decision making[J]. Information Sciences, 2014, 258(3): 220-238.

[80] QIN K Y, SONG Z M, XU Y. Soft rough sets based on similarity measures[J]. Rough Sets and Knowledge Technology, 2012(7414): 40-48.

[81] WILLE R. Restructuring Lattice Theory: An approach based on hierarchies of concepts [J]. Orderd Sets D Reidel,1982(83): 314-339.

[82] LI Y F, QIN K Y, HE X X. Some new approaches to constructing similarity measures [J]. Fuzzy Sets and Systems, 2014(234): 46-60.

[83] PEI D W, MIAO D Q. From soft sets to information systems[C]. IEEE International Conference on Granular Computing, 2005(2): 617-621.

[84] DUNTSCH I, GEDIGA G. Modal-style operators in qualitative data analysis[C]// Proceedings of the 2002 IEEE International Conference on Data Mining(ICDM 2002). Maebashi City: IEEE, 2002: 155-162.

[85] YAO Y Y. Concept lattices in rough set theory[C]//IEEE Amual Meeting of Fuzzy Information, Processing Nafips'04. IEEE, 2004: 796-801.

[86] MAJUMDAR P, SAMANTA S K. Generalised fuzzy soft sets[J]. Computers & Mathematics with Applications, 2010, 59(4): 1425-1432.

[87] BABITHA K V, JOHN S J. Hesitant fuzzy soft sets[J]. Journal of New Results in Science, 2013, 3(3): 98-107.

[88] ALI M I. A note on soft sets, rough soft sets and fuzzy soft sets[J]. Applied Soft Computing, 2011, 11(4): 3329-3332.

[89] JIANG Y C, TANG Y, CHEN Q M. An adjustable approach to intuitionistic fuzzy soft sets based decision making[J]. Applied Mathematical Modelling, 2011, 35(2): 824-836.

[90] ZHANG Z M, WANG C, TIAN D Z, et al. A novel approach to interval-valued intuitionistic fuzzy soft set based decision making[J]. Applied Mathematical Modelling, 2014, 38(4): 1255-1270.

[91] MA X L, LIU Q, ZHAN J M. A survey of decision making methods based on certain hybrid soft set models[J]. Artificial Intelligence Review, 2017, 47(4): 507-530.

[92] ZHAN J M, ZHU K Y. Reviews on decision making methods based on (fuzzy) soft sets and rough soft sets[J]. Journal of Intelligent & Fuzzy Systems, 2015, 29(3): 1169-1176.

[93] FENG F. Soft rough sets applied to multicriteria group decision making[J]. Annals of Fuzzy Mathematics and Informatics, 2011, 2(1): 69-80.

[94] LIU Y Y, QIN K Y, WANG L. On new similarity measures and distance measures of soft sets[J]. The Journal of Fuzzy Mathematics, 2015(23): 393-406.

[95] AKTAS H, CAGMAN N. Soft sets and soft groups[J]. Information Sciences, 2007, 177(13): 2726-2735.

[96] RODRIGUEZ R M, LABELLA A, MARTINEZ L. An overview on fuzzy modelling of complex linguistic preferences in decision making[J]. International Journal of Computational Intelligence Systems, 2016, 9(1): 81-94.

[97] RODRIGUEZ R M, MARTINEZ L. An analysis of symbolic linguistic computing models in decision making[J]. International Journal of General Systems, 2013, 42(1): 121-136.

[98] ALCANTUD J C R, SANTOS-GARCIA G. A new criterion for soft set based decision making problems under incomplete information[J]. International Journal of Computational Intelligence Systems, 2017, 10(1): 394-404.

[99] MA X L, LIU Q, ZHAN J M. A survey of decision making methods based on certain hybrid soft set models[J]. Artificial Intelligence Review, 2016, 47(4): 1-24.

[100] FATIMAH F, ROSADI D, HAKIM R F, et al. Probabilistic soft sets and dual probabilistic soft sets in decision-making[J]. Neural Computing and Applications, 2019(31): 397-407.

[101] FATIMAH F, ROSADI D, HAKIM R B F, et al. N-soft sets and their decision making algorithms[J]. Soft Computing, 2017(22): 3829-3842.

[102] MA J, RUAN D, XU Y, et al. A fuzzy-set approach to treat determinacy and consistency of linguistic terms in multi-criteria decision making[J]. International Journal of Approximate Reasoning, 2007, 44(2): 165-181.

[103] TANGA Y C, ZHENG J C. Linguistic modelling based on semantic similarity relation among linguistic labels[J]. Fuzzy Sets and Systems, 2006, 157(12): 1662-1673.

[104] DELGADO M, VILA M A, VOXMAN W. A fuzziness measure for fuzzy numbers: applications[J]. Fuzzy Sets and Systems, 1998, 94(2): 205-216.

[105] DELGADO M, VILA M A, VOXMANW. On a canonical representation of fuzzy numbers.[J]. Fuzzy Sets and Systems, 1998, 93(1): 125-135.

[106] ABBASBANDY S, HAJJARI T. A new approach for ranking of trapezoidal fuzzy numbers[J]. Computers and Mathematics with Applications, 2009, 57(3): 413-419.

[107] MA M, FRIEDMAN M, KANDEL A. A new fuzzy arithmetic[J]. Fuzzy Sets and Systems, 1999, 108(1): 83-90.

[108] RUSPINI E H. A new approach to clustering[J]. Information and Control, 1969, 15(1): 22-32.

[109] FILEVA D, YAGERB R R. On the issue of obtaining OWA operator weights[J]. Fuzzy Sets and Systems, 1998, 94(2): 157-169.

[110] QIN H W, MA X Q, HERAWAN T, et al. DFIS: a novel data filling approach for an incomplete soft set[J]. International Journal of Applied Mathematics and Computer Science, 2012, 22(4): 817-828.

[111] DENG T Q, WANG X F. An object-parameter approach to predicting unknown data in incomplete fuzzy soft sets[J]. Applied Mathematical Modelling, 2013, 37(6): 4139-4146.

[112] WANG P Z. Fuzzy sets theory and its applications[M]. Shanghai: Shanghai Science and Technology Press, 1983.

[113] FAN J L, MA Y L. Some new fuzzy entropy formulas[J]. Fuzzy Sets and Systems, 2002,128(2): 277-284.